Müller · Mehr Bewegung ins Lernen bringen

Konzept und Beratung der Reihe Beltz Weiterbildung

Prof. Dr. *Karlheinz A. Geißler*, Schlechinger Weg 13, D-81669 München
Prof. Dr. *Bernd Weidenmann*, Weidmoosweg 5, D-83626 Valley

Rudolf Müller

Mehr Bewegung ins Lernen bringen

Energie aufbauen, Leistungsfähigkeit und Lernmotivation erhöhen, Lernstoff verankern

Beltz Verlag · Weinheim, Basel, Berlin

Dr. *Rudolf Müller*, Jg. 1944, Studium der Betriebswirtschaft in München, mehr als 20 Jahre lang geschäftsführender Gesellschafter in mittelständischen Unternehmen. Tätigkeitsschwerpunkte: Internationales Marketing, Personal- und Organisationsentwicklung. In seiner Trainerausbildung lernte er viele Methoden kennen wie beispielsweise Suggestopädie, NLP, Brain-Gym, GRID, DISG und andere. In zahlreichen Veröffentlichungen gibt er seine Erfahrungen weiter. Er lebt in Aschau, südlich des Chiemsees und leitet das Institut für Unternehmensentwicklung.

Adresse: Dr. Rudolf Müller, Spitzsteinstraße 24, 83229 Aschau-Sachrang
Tel.: 08057-578 / Fax: 08057-584 / E-Mail: Dr.Rudolf.Mueller@t-online.de
Internet: www.sunternehmensentwicklung.de

Lektorat: Ingeborg Sachsenmeier

www.beltz.de
Herstellung: Klaus Kaltenberg
Satz: Mediapartner Satz und Repro GmbH, Hemsbach
Druck: Druckhaus Beltz, Hemsbach
Umschlaggestaltung: glas ag, Seeheim-Jugenheim
Umschlagabbildung und Fotos: Christian Moris Müller, München
Printed in Germany

ISBN 3-407-36394-X

Inhaltsverzeichnis

Einführung: Wer sich bewegt ... 9

Kapitel 1
Bewegungsübungen: Anforderungen und Kontext 13

Körper und Geist durch Bewegung stimulieren 14
Anforderungen an Bewegungsübungen 17
Requisiten, Spiele und Musik 21
Bewegung und Teilnehmerkreis 23
Veranstaltung, Teilnehmerzahl und Anwendungsphasen 28
Bewegung und Entspannung 31
Herkunft der Bewegungsübungen 32
Anforderungen an Trainer 38

Kapitel 2
Bewegung ohne spezielle Aufforderung 41

Bewegungsbedarf 42
Vorbereitende Aufgaben und Arbeitsaufgaben erledigen 43
Stellübungen 44
Lernspaziergang 49
Einsatz von Bällen 50

Kapitel 3
Isometrische und gymnastische Übungen für mehr Sauerstoff 51

Bewegungs-Centering (Ankommensübung) 52
Tier- und Baumübung 54
Die Ja-Aktion 56
Gordischer Knoten 57
Ball-Netzwerk 58

Dreizehn Arten des Sitzens ... 60
Glenn Millers Stuhl ... 62
King-Kong ... 64
Dirigent ... 65
Energetisches Klatschen und Anfeuern ... 66
Phönix ... 68
Samurai-Sprung ... 70
Vulkan ... 71
»Freies« Disko-Tanzen ... 72
Weitere Möglichkeiten isometrischer und gymnastischer Übungen ... 74

Kapitel 4
Übungen zur Gehirnstimulierung ... 75

Kontextüberblick ... 76
Energiegähnen (Brain-Gym) ... 77
Gehirnpunkte (Brain-Gym) ... 78
Denkmütze (Brain-Gym) ... 80
Überkreuzbewegung (Brain-Gym) ... 82
Vorbemerkung (Tai-Chi und Qi-Gong) ... 84
Grundübung (Qi-Gong) ... 85
Den Bogen spannen (Qi-Gong) ... 86
Den Sack wegschieben (Qi-Gong) ... 88
Grundstellung (Tai-Chi) ... 89
Himmel und Erde verbinden (Tai-Chi) ... 90
Feuer und Wasser (Tai-Chi) ... 92
Lach-Meditation (Tai-Chi) ... 94
Beginn mit Händereiben (7 Stufen) ... 96
Jonglieren ... 98

Kapitel 5
Stimmungsbeeinflussende Übungen mit Geschichten ... 101

Bewegung im Kontext ... 102
Vorstellungsrunde: Namensecho ... 103
Pferderennen von Siena ... 104
Abenteuer auf dem Speicher ... 106
Löwenjagd ... 108
Fotosafari ... 110

Reise nach Afrika 112
Großer Regen 114
Afrikanischer Elefant 116
Rendezvous 118
Pizza backen 120
Spaziergang 122
Toller Hirsch 123
Samurai- und Ritter-Spiel 124

Kapitel 6
Inhaltliche Verankerungen 127

Anwendungen und Vorgehen 128
Controlling 129
Start und Erwartungen 130
Unternehmensentwicklung 132
TQM 134
Marketing 136
Ziele und Handeln 138
Ziel-Imagination und -Verstärkung 140
Zeitfresser 142
Führungsaufgaben 144
NLP-Überblick 146
Verkaufstraining allgemein 148
Verkauf Einzelhandel 150
Einwandbehandlung 152
Reklamationsbehandlung 154
Bilanz und GuV 156
Kernaussagen zur Rhetorik 158
Düfte-Überblick 160
Selbstverantwortung 162
Veränderungsprozesse 164
Sprachen lernen 166
EDV 168
Mathematik 170
Bewegungsübungen für verschiedene Schulfächer 174
Kernsätze mit »Heio« 177
Assoziationsspiel 178
Prüfungsvorbereitung 180

Kapitel 7
Mehrstufige Bewegungen 183

Grundgedanken 184
»Ja-Aktion« allgemein 185
Pferderennen generell 186
Drei Kernsätze und Handeln 188

Abschluss und Anhang 189

Grenzen und Kritik 190
Perspektiven 192
Fragebogenaktion 193
Morgen»sport« 195
Tipps zur Förderung von Konzentration und Aufmerksamkeit 197
Danksagung 200
Index der Übungen 202
Literaturverzeichnis 205
Bezugsquellen und Adressen 208

Einführung: Wer sich bewegt ...

Zum Erfolg gibt es keinen Fahrstuhl, man muss die Treppe benutzen.

... hat mehr vom Leben! Denn: Bewegung setzt Ressourcen frei. So haben Ihre Schüler und Teilnehmer mehr vom Unterricht und Seminar. Im Zeitalter der Leistungsmessung der Ergebnisse von Training (Bildungscontrolling und Stiftung Bildungstest) und Unterricht (PISA-Studie) steigt das Interesse daran, das Lernen lebendiger und dadurch erfolgreicher zu machen.

Bewegung ist für mich schon immer wichtig gewesen. Ich liebe es zu tanzen und treibe gerne Sport. Genauso fasziniert mich Bewegung in Seminaren. Jedoch erstaunt mich immer wieder, wie viele Hemmungen zahlreiche Lehrende haben, Bewegungsübungen einzusetzen. Daher habe ich mich bemüht, Gesetze zu entdecken, wie Menschen an Bewegung herangeführt werden können, die sich – womöglich mit Krawatte – in einem sterilen Seminarraum oder Klassenzimmer aufhalten und vielleicht befürchten, ihre Autorität zu verlieren.

Als Ausgangspunkt für dieses Buch habe ich eine Umfrage unter Trainern und Lehrern durchgeführt. Die Ergebnisse finden Sie vor allem im ersten Kapitel, in dem der Nutzen von Bewegung sowie die Rahmenbedingungen und Anforderungen vorgestellt werden. Wenn Sie die Fachbegriffe, die speziell die Herkunft der Bewegungsubungen betreffen, wie Kinesiologie und Suggestopadie, schon kennen, so können Sie diesen Teil überspringen und gleich in das nachfolgende Kapitel mit Bewegung einsteigen.

Im zweiten Kapitel finden Sie eine Darstellung aller Möglichkeiten, Bewegung einzuführen, ohne die Teilnehmer speziell dazu aufzufordern. Eine derart bewusst bewegungsorientierte Gestaltung von Seminaren und Unterricht kann allein schon Wunder bewirken für die aktivere Beteiligung aller Lernenden.

Ich vertrete in diesem Buch die These, dass Bewegungsübungen idealerweise auf den folgenden vier Ebenen gleichzeitig wirken sollten:

- Energie im Körper aufbauen, Sauerstoff ins Gehirn bringen.
- Das Gehirn direkt in seiner Leistungsfähigkeit stimulieren.
- Die Stimmung, den Spaß und damit die Lernmotivation fördern.
- Lerninhalte wiederholen, vertiefen, verankern.

Bei der zuletzt genannten Ebene werden die Bewegungsübungen im Rahmen einer Choreographie direkt auf das Lernthema abgestimmt.

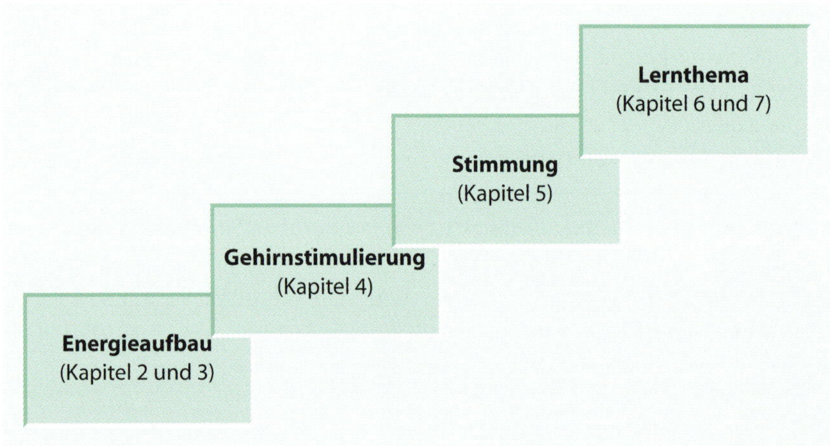

Die vorgestellten Übungen und die damit erzielten Wirkungen beruhen auf eigenen Erfahrungen, die zudem bei meiner Umfrage bestätigt wurden. Dabei hängen die Erfolge in hohem Maß von der Sensibilität der jeweiligen Trainer beziehungsweise Lehrer ab.

Besonders im Kapitel 6 werden Bausteine aus anderen Kapiteln immer wieder neu zusammengestellt. Sie selbst werden damit inspiriert, Ihr eigenes Lern- bzw. Unterrichtsthema in Bewegungsübungen zu verwandeln, also Ihre ureigenen Choreographien für Ihren Lernstoff zu entwickeln.

Damit dürfte auch klar sein, dass das vorgestellte Programm an Bewegungsübungen nicht unter dem Aspekt der Gesundheit ausgewählt wurde, sondern rein das Lernen unterstützen soll. Wer mehr Übungen sucht, die den gesundheitlichen Aspekt optimieren, sei verwiesen auf Hennig (2001).

In diesem Buch verwende ich die Bezeichnung Trainer auch für Lehrer und Dozenten und benutze aus Vereinfachungsgründen nur die männliche Form, was ich meine weiblichen Kolleginnen zu entschuldigen bitte.

Die direkte Ansprache variiert zwischen dem üblichen Sie und der etwas einnehmenderen Gruppenansprache ihr beziehungsweise euch. Die wörtliche Rede des Trainers ist immer kursiv dargestellt, die passenden Handlungsanweisungen finden Sie dazwischen in der Grundschrift.

Im Anhang finden Sie eine Übersichtstabelle aller vorgestellter Übungen. Sie enthält verschiedene Kriterien wie beispielsweise den Platzbedarf, Sitzen oder Stehen und vieles mehr.

Zum Schluss möchte ich Sie bitten, sich Ihre eigenen Erwartungen beziehungsweise Ziele für die Lektüre dieses Buches bewusst zu machen. Beispielsweise können das sein:

- Sie wollen sich erstmals mit Bewegungsübungen beschäftigen.
- Sie wollen eigene Hemmungen abbauen, Sie haben es schon probiert.
- Sie wollen Ihr Repertoire ausbauen.
- Sie interessieren sich speziell für Übungen, die sich fachspezifisch einsetzen lassen und Lernstoff verankern.
- Sie kennen sich schon etwas aus, wollen aber die Phasen des Unterrichts oder des Seminars besser berücksichtigen.
- Sie suchen Übungen für spezielle Situationen: blitzschneller Ablauf, Großgruppe, wenig Platzbedarf und so weiter.
- Sie suchen genaue Handlungsanleitungen.

Meine Erwartungen an dieses Buch sind:

Kapitel 1

Bewegungsübungen: Anforderungen und Kontext

»... mens sana in corpore sano ...« wussten schon die alten Römer

Körper und Geist durch Bewegung stimulieren

Bewegung ist für uns Menschen ein äußerst wichtiges Thema. Bewegung, wenn sie nicht zu intensiv ist, macht den Körper frisch und führt auch dem Gehirn mehr Sauerstoff zu. Oft ist es damit ein Trauerspiel in Seminaren und Unterricht. Viele Stunden zu sitzen, und das oft auch noch in schlechter Luft, ist dem Lernen ganz bestimmt nicht förderlich.

> *»Dabei wissen wir aus Erfahrung und vielen Untersuchungen, dass Bewegung nicht nur das Denken anregt, sondern auch die Stimmung beeinflusst. Beim Gehen lassen sich hervorragend Gedanken entwickeln, Joggen und Schwimmen stimmen froh, Überkreuzbewegungen (zum Beispiel Langlauf) stimulieren die Tätigkeit beider Gehirnhälften und vergrößern somit das geistige Potenzial.«* (SKILL-Autorenteam 2001)

Leider wird in unserer Gesellschaft jede Art von Bewegung häufig als Anstrengung empfunden. Deshalb sollte man als Verantwortlicher die Frage der Bewegung nicht thematisieren oder gar zur Abstimmung stellen. Das Geheimnis liegt darin, es einfach zu tun. Hinterher spüren alle die wohltuenden Effekte. Es geht also um das »Mitreißen« oder um das subtile, einfühlsame Beginnen. Mit ein paar Worten (*»Ich lade euch ein zu einer kleinen Übung. Dann werden wir uns alle frischer fühlen.«*) können Sie starten. Besonders geschickt sind Übungen, die das Erheben aus dem Stuhl ganz nebenbei geschehen lassen.

Physiologische Wirkungen von Bewegungen

Dass physiologische, also körperliche Vorgänge, unseren inneren Zustand und insbesondere unsere Stimmung beeinflussen, ist eine Tatsache, die jeder aus der eigenen Erfahrung kennt. Es ist aber wie bei der Ernährung. Die meisten Menschen kennen die Theorie, tragen diesem Zusammenhang in ihrem Leben jedoch zu wenig Rechnung.

Im Trainings- und Unterrichtsbereich wird in den letzten Jahren viel von NLP (Abkürzung für »Neuro-Linguistisches Programmieren«) gesprochen. Im so genannten NLP-Kommunikationsmodell wird dieser Zusammenhang deutlich aufgezeigt:

NLP-Kommunikationsmodell

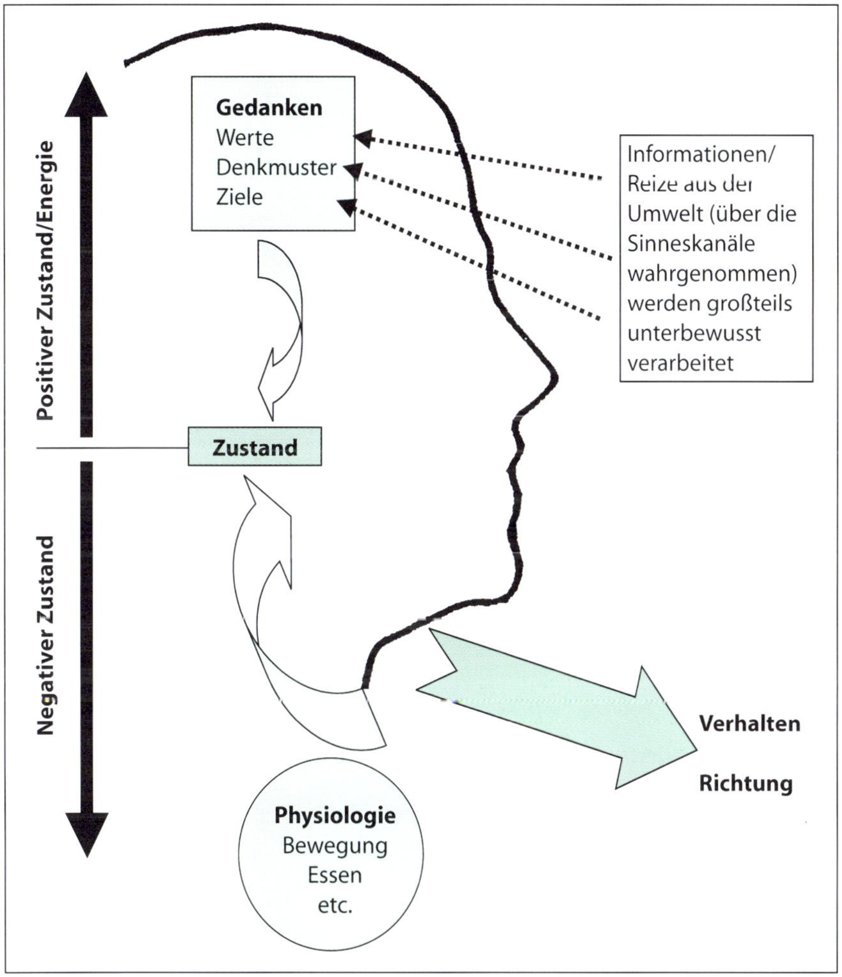

Antony Robbins, ein bekannter amerikanischer NLP-Trainer, praktiziert dies (Robbins 1995, S. 63) ausgiebig in seinen Großveranstaltungen und Seminaren. Diese gehen bis in die Nacht hinein, aber die Teilnehmer werden durch abwechslungsreiche Übungen und Bewegung so aktiviert, dass sie problemlos durchhalten.

Zum Inhalt von NLP sei hier eine Definition von Bertold Ulsamer (1994) angeführt:

> *»NLP behandelt den erfolgreichen Umgang mit Menschen. Es beschreibt die zwei Bereiche Verstehen und Verändern und vermittelt:*
> *1. Die Kunst, seine Mitmenschen zu verstehen und sich bei ihnen verständlich zu machen.*
> *2. Die Kunst, bei sich selbst und bei anderen positive Veränderungen in Gang zu setzen.«*

Dabei ist der innere Energiezustand eine wichtige Grundlage. Die Hauptelemente von NLP sind beispielsweise Ziele, Wahrnehmung, Flexibilität und Ressourcen, die Sie auf Seite 146 auch als Bewegungsübung dargestellt finden.

Unter der Überschrift »Bewegung macht klug« gibt Carla Hannaford (Hannaford 2001, S. 115) eine genaue Darstellung der Gehirnfunktionen und beschreibt ausführlich wie Bewegung Gedanken ankert und Lernvorgänge unterstützt. Auch jeglicher Ausdruck des Gelernten (zum Beispiel Schreiben, Malen) erfordert wiederum Bewegung. Ausführlich wird dabei der Stand der Gehirnforschung eingearbeitet.

Moshe Feldenkrais befasst sich ebenfalls eingehend mit der Wirkung von Bewegung und bezeichnet sie als den besten Weg für die Verbesserung (damit meint er das Lernen) des Einzelnen. Die anderen Ansätze sind nach ihm Teil der Bewusstheit: Sinnesempfindungen, Gefühl und Denken. Alle beeinflussen sich gegenseitig, was so auch im oben dargestellten NLP-Grundmodell enthalten ist.

Anforderungen an Bewegungsübungen

Das nachstehende Mindmap zeigt Ihnen die Anforderungen, die an Bewegungsübungen gestellt werden sollten.

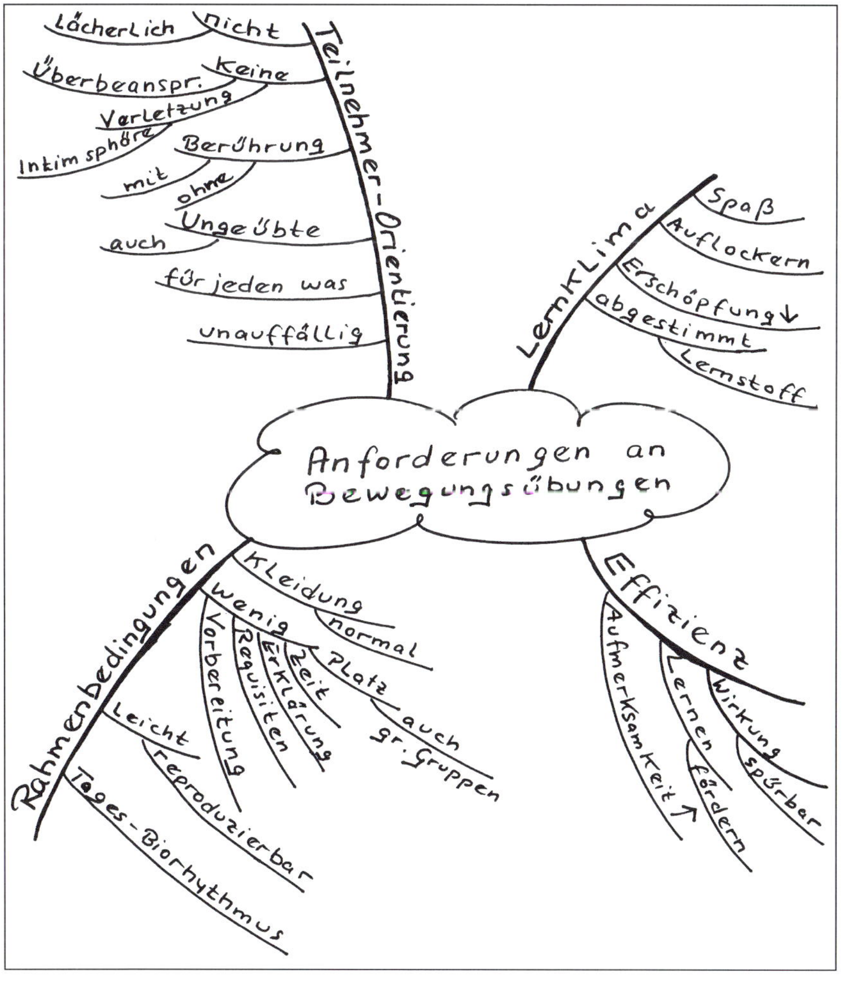

Anforderungen an Bewegungsübungen

Die Punkte Lernklima und Effizienz enthalten die einzelnen Dimensionen Energieaufbau, Gehirnstimulierung, Stimmung und fachlicher Bezug. In der im Anhang beschriebenen Umfrage bei Trainern und Lehrern können Sie erkennen, dass die Punkte des »Lernklimas« als am wichtigsten bewertet werden.

Meine Anforderungen

Jetzt sind Sie an der Reihe: Notieren Sie bitte, welche Anforderungen für Bewegungsübungen aus Ihrer persönlichen Sicht wichtig sind:

Überblick über die Arten von Bewegungsübungen

Ich möchte die Bewegungsübungen nach folgender Systematik gliedern, die hierarchisch auf die eingangs erwähnte Vierdimensionalität hinführt:

Typ 0: Alle unmerklichen Arten von Bewegung im Seminar oder Unterricht, ohne eine spezielle Aufforderung zu einer Bewegungsübung. Wenn ein Trainer sensibel für die Thematik ist, kann er in seine Seminargestaltung viel Bewegung einbauen.

Typ 1: Allgemeine isometrische und gymnastische Übungen. Auch Kreistänze und Gruppenaktionen gehören in diese Rubrik. Das Gehirn erhält dadurch gezielt mehr Sauerstoff für geistiges Arbeiten und Lernen. Quelle für solche Übungen sind Gymnastik, Aerobic und Tänze.

Typ 2: Übungen, die das Gehirn stimulieren und die linke und rechte Gehirnhälfte verbinden (Gehirnintegration). Diese Übungen stammen meist aus dem Bereich der angewandten Kinesiologie (auch Brain-Gym genannt). Auch Tai-Chi und Qi-Gong-Übungen fallen unter diese Rubrik, weil sie gezielt auf Verbesserungen im Energiefluss wirken. (Die Begriffe werden im Abschnitt »Herkunft der Bewegungsübungen« auf S. 32 ausführlicher erläutert.)

Typ 3: Viel Spaß machen Übungen, zu denen eine kurze, lustige Geschichte erzählt wird. Die emotionale und soziale Komponente des Unterrichts werden dadurch gleichzeitig angesprochen. Diese Übungen fördern besonders die Stimmung. Hier kurz ein Beispiel:

> »*Wir wollen alle zusammen auf die Löwenjagd gehen. Wir schultern das Gewehr und gürten auch ein langes Messer, unsere Machete, mit der wir uns den Weg im Urwald freischlagen können. ...*
> (Entsprechende Bewegungen durchführen.)
> *Wir gehen los. Da kommen wir zunächst zu einer großen Wiese mit langen hohen Gräsern. ...*
> (Mit den Fingern reiben, dadurch entsprechendes Geräusch simulieren. Immer wieder eine Hand als Schirm vor die Stirn halten und so Ausschau halten.)
> *Wo ist ein Löwe? – Nun kommen wir durch einen Sumpf. ...*
> (Finger in den Mund stecken und schmatzende Geräusche machen. Immer wieder eine Hand als Schirm vor die Stirn nehmen und Ausschau halten.) Weiter auf S. 108

Typ 4: Dies sind Übungen, die den Lernstoff verankern. Die Geschichte beziehungsweise die Stichworte des Ablaufs ist dem Lernstoff entnommen und die Bewegungsübungen passen genau dazu. Damit wird auch die fachliche Komponente angesprochen.

Dies ist die eigentliche Innovation dieses Buches. Ideal ist es, wenn diese Übungen zugleich die Kriterien der Typen 1–3 erfüllen, also sowohl Sauerstoff bringen als auch das Gehirn stimulieren und lustig sind.

Typ 5: Mehrstufige Übungen, wobei ein unveränderter Bewegungsablauf im Laufe des Seminars oder Unterrichts mit Lernstoff und Formulierungen der Teilnehmer gekoppelt wird.

Diese Einteilung berücksichtigt die vier Dimensionen aus der Einführung, die möglichst in einer Übung alle gleichzeitig realisiert werden sollten. Praktisch ist dies aber nur bei den Typen 4 und 5 der Fall.

Als Zusatzcharakterisierung lassen sich zudem noch definieren: Spezialübungen zu Beginn und am Ende. Spezialübungen für Gruppendynamik; Aufbau von Gemeinsamkeit und Einstimmung.

Die von mir vorgeschlagenen Übungen können ganz spontan während fast jeder Phase im Seminar oder im Unterricht eingesetzt werden. Sie erfordern keine spezielle Kleidung. Sie erhöhen zwar den Puls, hören jedoch vor dem eigentlichen Schwitzen auf. Meist werden sie im Stehen durchgeführt. Sie werden auch Bewegungsübungen im Sitzen kennen lernen oder solche, die im Sitzen beginnen und die Teilnehmer ganz unmerklich zum Stehen bringen (also Hemmschwellen vermeiden). Requisiten sind in der Regel nicht erforderlich. Oft ist es von Vorteil, eine Musik einzuspielen. Die Dauer der vorgeschlagenen Übungen reicht von einer bis zu zehn Minuten.

Während die meisten vorgeschlagenen Bewegungsübungen Einzelübungen sind und selten zu zweit durchgeführt werden, können auch Aktionen der gesamten Gruppe als Bewegungsübung genutzt werden.

Im Anhang (S. 202ff.) finden Sie einen Überblick über alle dargestellten Bewegungsübungen, damit die Umsetzung in die Praxis leichter gelingt.

Requisiten, Spiele und Musik

Für die meisten der in diesem Buch vorgeschlagenen Bewegungsübungen benötigen Sie keine Materialien. Es gibt jedoch Übungen, die in Form von Spielen ablaufen und Requisiten erfordern, zum Beispiel Bälle oder Tücher. Mit einem Ball, der vorher bereits in einer Gesprächsrunde kursierte und so schon vertraut ist, wird schneller Kontakt hergestellt. Mit Hilfe dieses Balles können Hemmschwellen gegenüber Bewegungsübungen abgebaut werden.

Es gibt unendlich viele Spiele, die fast immer mit Bewegungen verbunden sind. In der Literatur möchte ich auf die Bücher von Portmann/Schneider (2002), Reichel/Rabenstein/Thanhoffer (1992) sowie LeFevre (1992) verweisen. Ich gehe in diesem Buch auf Spiele aber nur am Rande ein und fokussiere mehr auf Bewegungsübungen, die ohne große Erklärungen, Aufbau und Gruppenbildung ablaufen und möglichst direkt auf die geistige Frische einwirken. Diese erfordern nur selten spezielles Material, sodass der Trainer diese ganz spontan ohne Vorbereitungen einsetzen kann, wenn er das Gefühl der Notwendigkeit einer Bewegungsübung hat. Musik sollte man natürlich immer parat haben.

Bei den meisten Bewegungsübungen ist es sinnvoll, mit Musik zu arbeiten. Ich habe dies bei den entsprechenden Übungen jeweils vermerkt. Wenn die Teilnehmer einmal auf Bewegungsübungen eingestimmt sind und das Seminar länger dauert, können öfter auch freie Bewegungen beziehungsweise freies Tanzen (s. S. 72) wie in der Disko eingeführt werden. Hierfür sollte mitreißende und aktuelle Popmusik aufgelegt werden. Meine persönlichen Empfehlungen können Sie natürlich nach Belieben variieren:

- »Twist in my Sobriety« von Tanita Tikaram,
- »Open Up Your Heart« von M-People,
- »My name ist not Susan« von Whitney Houston,
- »Lemon Tree« von Fools Garden,
- »Can't get you out of my head« von Kylie Minogue,
- »Let's get loud« von Jennifer Lopez sowie
- die Doppel-CD mit Samba, Salsa, Latino-Popmusik von Ritmo de Janeiro.

Bei den Übungen, zu denen Sie sprechen (Kapitel 4–6), benötigen Sie allerdings rein instrumentale Musik in passendem Rhythmus.

Als technische Ausrüstung empfiehlt sich ein tragbarer CD-Player mit Fernsteuerung. Hierbei gibt es heute schon Geräte, die das simultane Einlegen von drei CDs erlauben. Noch einfacher ist es jedoch, auf einer selbst gebrannten CD die Musik passend zusammengestellt zu haben, das erspart jegliches Wechseln von CDs.

Bei einigen Bewegungsübungen, speziell mit fachlichen Themen, habe ich auf eine CD zum Handbuch »Viola – Musik für lebendiges Lernen« (Wagner 1995) hingewiesen. Die Viola-CDs sind besonders auf die Anwendung in Seminaren und im Unterricht ausgerichtet. Leider sind sie derzeit vergriffen.

Bewegung und Teilnehmerkreis

Natürlich spielt es eine große Rolle, wer am Seminar beziehungsweise am Unterricht teilnimmt, also welches Alter vorliegt und gegebenenfalls welche Berufe ausgeübt werden.

Bewegung in der Schule

In der Schule herrschen besondere Bedingungen für das Thema »Bewegung«. Unproblematisch sind Kinder bis etwa zehn oder zwölf Jahre. Diese freuen sich über alles, was Sie ihnen anbieten. Eher schwierig wird es bei Jugendlichen in der Pubertät. Nach dieser Altersstufe lassen sich Bewegungsübungen wieder leichter durchführen. Probleme scheinen dann wieder bei Studierenden aufzutreten. Aber diese Schwierigkeiten bestehen weniger aus Hemmungen als dem Hinterfragen der Teilnehmer über das Warum und den Sinn solcher Übungen. Für solche Diskussionen dürften die Argumente dieses Buches Sie jedoch hervorragend wappnen. Nach meinen Erfahrungen schwinden diese »Schwierigkeiten«, wenn die Übungen ausreichend erklärt werden. In den alternativen Schulen vom Typ Freinet, Montessori, Waldorf haben Bewegungsübungen ohnehin einen großen Stellenwert.

In der Grundschule gibt es mit Bewegungsübungen meist keine Probleme. Die entwicklungsbedingte häufig noch geringere Ausdauer der Kinder beim Lernen macht vielfältige Sozialformen des Lernens (zum Beispiel offenes Lernen mit viel Dynamik) nötig, die ihnen dann quasi automatisch auch genügend Bewegung verschaffen. Lehrerinnen und Lehrer sollten eine gute Sensibilität für die Bewegungsbedürfnisse der Kinder entwickeln. Bedingt durch das Klassenlehrerprinzip fällt es sowieso leichter, sich über den 45-Minuten-Rhythmus der Schulstunde hinwegzusetzen und Bewegungsübungen flexibel dort einzusetzen, wo sie nötig erscheinen.

Es gibt auch schon spezialisierte Literatur über die Integration von Bewegung in den Unterricht, beispielsweise das Entdecken von Buchstaben und Zahlen mit Bewegung. In den meisten Lehrplänen ist das Thema Bewegung enthalten. Aschebrock (1998) bringt zum Ausdruck, dass trotz vorhandener Richtlinienforderungen und ermutigenden Veränderungen der Bewegungsbereich in der Schulrealität noch keine ausreichende Berücksichtigung findet. Stattdessen würden die mangelnden Bewegungserfahrungen, die die Kinder in die Schule mitbringen, häufig durch eine Disziplinierung des Körpers und verkopftes Lernen verstärkt. Kinesiologische Übungen sind in der Schule mehr verbreitet als bei den Trainern im Erwachsenenbereich. Thematische Bewegungsübungen sind in die Lehrpläne der Grundschule integriert, in den höheren Klassen jedoch praktisch unbekannt.

Zunehmend wird aber über bewegungsgehemmte »Stadtkinder« geklagt. Genau genommen sind damit die »TV-Kids« gemeint. Schon bei der Einschulung sind Haltungsschäden festzustellen, »denn der Mensch ist nicht für das Sitzen gemacht«. Über die Konzentrationsförderung und sonstige Lernnebeneffekte hinaus, wird Bewegung damit zur Gesundheitserziehung! (Aschebrock 1998, S. 14).

Mir wurde berichtet, dass die achte Klasse (Altersstufe 14–15) am schwierigsten sei. Aber eigentlich ist das eine Herausforderung an die Einführung und den Ablauf der Bewegungsübung. Wenn die Geschichte gut passt, zum Beispiel das besondere Altersinteresse trifft (wie die Bewegungsübung »Rendezvous«, S. 118), dann machen die Jugendlichen in der Regel begeistert mit. Die sensible Einführung ist wichtig, da Bewegungsübungen zunächst als »kindisch« abgelehnt werden. Nach meiner Fragebogenumfrage nehmen die Hemmungen nach der Pubertät, also ab 16 Jahren, wieder ab. Generell wird jedoch bestätigt, dass die Hemmungen verschwinden, wenn der Sinn der Übungen erklärt wird und diese zur Gewohnheit werden.

Unterschiedliches wird auch von der Reaktion von Jungen und Mädchen berichtet. Mädchen lassen sich eher für Bewegungsübungen gewinnen, sind experimentierfreudiger und schneller zu tänzerischen Einlagen bereit. Bei den Jungen machen zunächst diejeniger bereitwilliger mit, die dem kinästhetischen Typ angehören. Dabei sind es eigentlich die Jungen, die den stärkeren Bewegungsdrang haben – was ja in den Pausen beobachtet werden kann.

Das in diesem Buch aufgezeigte Repertoire ist so groß, dass sich auch für Härtefälle sicher eine interessante Übung finden lässt. Notfalls müssen die Übungen aus den Kampfsportarten ausgewählt werden.

Der 45-Minuten-Rhythmus (in Österreich 50 Minuten) der Schule ist zu beachten. Das könnte eher dazu führen, sich keine Zeit für eine Bewegungsübung zu nehmen. Eine Lehrerin schrieb mir »*Lieber opfere ich fünf Minuten für eine Übung und habe 30 Minuten Konzentration der Schüler, als dass ich gleich einsteige und die Schüler sind nur 15 Minuten bei der Sache.*« Eine andere schrieb noch deutlicher »*Lehrer glauben immer noch, dass die Schüler ihnen 45 Minuten lang intensiv zuhören. Sobald man sich selbst diesen Zahn gezogen hat, bekommt man viel Zeit für ›Lernklimatisches‹.*«

Zum Glück gibt es Bewegungsübungen, die wirklich nur zwei Minuten dauern. Es gibt außerdem spezielle Übungen aus der Kinesiologie, die besonders vor Klassenarbeiten auch den Schülern sichtbare Erfolgserlebnisse bringen. Auf jeden Fall war der Tenor der Fragebogen einhellig: 45 Minuten sind ohne Bewegungsübung viel zu lange.

Bislang machen noch wenige Lehrer außerhalb der Grundschule Bewegungsübungen mit den Schülern. Befürchtungen, dass Schulleitung und Kollegen diese komisch finden, bestehen jedoch in der Schule wenig, wie die Umfrageaktion zeigt. Die Eltern werden dabei viel mehr als Problem empfunden.

Es wird außerdem befürchtet, dass es schwierig sei, die Schülerinnen und Schüler anschließend wieder zum ruhigen Mitarbeiten und Zuhören zu bringen. Meist helfen ein harmonischer Ausklang, ein »in den Körper spüren«, eine Entspannungsübung oder ein bewusster Übergang sowie »Slow Motion«.

Zum Abschluss möchte ich auf folgende Empfehlungen von Manfred Schaumann verweisen, der mit Suggestopädieausbildung in der siebten Klasse Realschule (also bewegungsmäßig in einem schwierigen Alter) viel mit Bewegungsübungen arbeitet.

Empfehlungen zum schulischen Einsatz

- Bewegungsübung nur dann, wenn die Schüler ein Bedürfnis danach haben oder wenn dieses Bedürfnis angesprochen wird. Den Schülern muss klar sein, dass diese eine Hilfe und nicht Selbstzweck sind.
- Bevor neue Bewegungsübungen gemacht werden, müssen sie erklärt werden, vor allem, wenn sie aus dem Bereich Brain-Gym kommen.
- Es sollten nur solche Übungen gemacht werden, die auch ankommen und von den Schülern gern gemacht werden. Dabei ist vom Lehrer Einfühlungsvermögen gefordert.
- Es soll dabei lustig zugehen.
- Ich lasse immer auch von den Schülern Übungen vorschlagen. Das sind dann oft Bewegungen, die ihre »Stars« im Fernsehen vormachen. Nur wenn ich diese Übungen ernst nehme, sie akzeptiere und selbst mitmache, sind die Schüler bereit, auch meine Übungen mitzumachen. Dasselbe gilt ebenso für die begleitende Musik.
- Da manche Übungen Platz brauchen, muss die Umstellung der Bänke und Tische geübt sein, damit nicht zu viel Zeit vergeht.
- Im Elternabend sollten die Übungen vorgestellt werden und zwar so, dass die Eltern diese akzeptieren und als Bereicherung des Unterrichts empfinden. Wenn sie gut vorgestellt werden, probieren die Eltern die Übungen gerne selbst aus.

Bewegung für Erwachsene und im Management

Erwachsene müssen Sie ebenfalls erst »einladen«. Sie sollten daher ausführlich auf die Bewegungsübungen überleiten und diese erläutern. Die Teilnehmer von offenen Seminaren sind in der Regel ungehemmter als Führungskräfte von firmeninternen Seminaren. Gerade bei Letzteren empfehle ich einen langsameren Einstieg – und auch eine geringere Häufigkeit. Diese kann dann im Laufe mehrerer Tage gesteigert werden. In diesen Fällen sind die Bewegungsübungen der Stufe 0, also unmerkliche Bewegung im Seminarablauf, besonders für den Ausgleich wichtig.

Die Berufe spielen im Hinblick auf Bewegungsübungen natürlich ebenfalls eine große Rolle. Kreative Werbefachleute sind meist viel aufgeschlossener als beispielsweise Bankkaufleute.

Zur Einführung eignen sich besonders Übungen, die aus den Kampfsportarten kommen und solche, die den Themen- und Zielbereich abdecken. Sie brauchen also nur die erste Hemmschwelle zu überwinden, dann läuft es in der Regel wie geschmiert.

Auch Führungskräfte machen nach meiner persönlichen Erfahrung gerne Bewegungsübungen, wenn sie diese etwas kennen und bereits Erfahrungen damit gesammelt haben. Wenn allerdings der Vorgesetzte aller Teilnehmer am Seminar teilnimmt, ist es besonders wichtig, das Terrain rechtzeitig im direkten Kontakt zu sondieren, bevor auf sichtbare Bewegungsübungen, das heißt ab Typ 1, übergegangen wird. Es ist zwar selten, könnte aber passieren, dass gerade dieser »besondere« Teilnehmer eine negative Bemerkung macht oder sich von diesen Übungen ausschließt. Das strahlt dann auf die ganze Gruppe aus. Der Trainer muss daher rechtzeitig mit diesem Teilnehmer reden und den Hintergrund erläutern sowie den daraus resultierenden Nutzen deutlich machen.

Unterschätzt wird auch in Sitzungen und Konferenzen die meist positive Wirkung von Bewegungsübungen. Gerade dort werden aber häufig kreative Lösungen benötigt. Sie können dann beispielsweise als Moderator oder auch als Teilnehmer darauf hinweisen, dass die Kreativität durch Bewegung gefördert wird und auch die Stimmung so deutlich verbessert werden kann. Auch in festgefahrenen Situationen oder wenn die Konzentration der Teilnehmer nachlässt, können Bewegungsübungen sinnvoll eingesetzt werden.

Eine sinnvolle Bewegungsart, die leider selten genutzt wird, ist das Spazierengehen mit einer Aufgabenstellung (»Walk to Talk«). Wenn Teilnehmer einer Konferenz sich in einer Sackgasse befinden oder vor beziehungsweise nach einer Brainstorming-Phase (zur Bewertung) kann der Moderator die Teilnehmer auffordern: »*Gehen Sie bitte zu zweit auf einen Spaziergang. Bringen sie dabei mindestens drei gemeinsame Lösungsvorschläge mit beziehungsweise wählen Sie aus den vorliegenden Ideen die zwei bis drei brauchbarsten aus.*« Gegebenenfalls gibt er jedem Paar ein Klemmbrett, einen Stift sowie gefaltete A-3-Blätter mit, die anschließend unmittelbar zur Präsentation genutzt werden können. Ich habe diese Vorgehensweise schon oft mit Erfolg genutzt.

Alternativ kann es den Auftrag geben: »*Bringen Sie von dem Spaziergang einen Gegenstand mit, den Sie in der Gruppe als Input für unser weiteres Vorgehen präsentieren.*« Dann muss allerdings der Bezug klar herausgestellt werden.

Oft finden im Anschluss an Kleingruppenarbeiten nach einer kurzen Pause die Präsentationen statt. Dann genügt es, wenn der Moderator sagt: »*Wir können doch alle am Flipchart stehen bleiben.*« Das bringt wieder unmerklich Bewegung und hält den Geist frisch. Es macht auch nichts, wenn einige Teilnehmer noch ihre Kaffeetasse in der Hand behalten.

Veranstaltung, Teilnehmerzahl und Anwendungsphasen

Die Art, Dauer und Größe der Veranstaltung spielt eine große Rolle für die eingesetzten Bewegungsübungen. Grundsätzlich gilt, je länger die Tagung oder das Seminar dauert, desto häufiger sind Bewegungsübungen nötig.

Es scheint häufig so, dass sterile und so genannte wissenschaftliche Tagungen nicht die Atmosphäre für Bewegungsübungen ausstrahlen. Dem können die Tagungsorganisatoren entgegenwirken. Ein engagierter Hinweis der Tagungsleitung kann hier Wunder bewirken, weil die Teilnehmer im Grunde ihres Herzens nach etwas Bewegung lechzen. Dies habe ich schon häufiger erlebt. Wenn ein Profi diese Übung anleitet und auf einen Tisch steigt (macht noch mehr Eindruck als auf die Bühne zu gehen), so springt der Funke über und die Teilnehmer gehen begeistert bei der Übung mit. Auch hier ist der Einsatz von Musik von Vorteil.

Nun ein Wort zu der Teilnehmerzahl: Bei manchen Übungen können die Teilnehmeranzahl und das Platzangebot zum Problem werden. Im Allgemeinen ist der Platzbedarf jedoch gering. Sollte mehr Raum benötigt werden, so habe ich dies bei den Übungsbeschreibungen vermerkt. Auch für Klassen mit mehr als 30 Schülern oder Großveranstaltungen mit Hunderten von Teilnehmern gibt es passende Übungen!

Als Anwendungsphasen sind zunächst der Beginn und das Ende eines Seminars von großer Bedeutung. Darüber hinaus ist eine wichtige Funktion von Bewegungsübungen der Energieaufbau in Phasen der Müdigkeit und des Nachlassens der Energie: vor allem nach dem Mittagessen, am späten Nachmittag sowie immer zwischendurch, wenn eine Lernphase länger als eine Stunde dauert.

Ich persönlich achte sehr darauf, nach jeder Pause mit einem kurzen Energieaufbau zu beginnen. Bewegungsübungen eignen sich aber auch hervorragend, um zwischen verschiedenen Themen überzuleiten. Oder sie können ganz bewusst als Separator eingesetzt werden. Zum Beispiel beim Übergang vom Denken in Problemen hin zum Denken in Zielen und Lösungen. Hier bieten sich die kinesiologischen Übungen mit liegenden Achten, die »Denkmütze« (S. 80) oder »Überkreuz-Übungen« (S. 82) an.

Beginn mit Bewegung

Es ist sinnvoll, am Anfang eines Seminars eine Konzentrations- oder Abschaltübung (Centering) einzusetzen, die aus einer halbgeführten Entspannung besteht. Hierzu existieren Bewegungspendants, welche denselben Zweck haben: Die Teilnehmer von ihrer Anreise und sonstigem Tagesstress zu befreien und auf die Seminarsituation einzustellen.

Auf Basis von Typ 0 gibt es eine einfache Ankommens-Bewegungsübung. Sie fordern als Trainer die sitzenden Teilnehmer auf, sich aus dem Raum einen Gegenstand, möglichst ein Poster zu suchen, und diesen im Zusammenhang mit einem Vorstellungssatz zu präsentieren. Sofort entsteht Bewegung und Konzentration auf das Hier und Jetzt des Seminars. Die bekannte Form der auf dem Boden liegenden Landschaftskarten zum Aussuchen ist nicht ganz so bewegungsreich (dafür aber emotional interessant). Wenn diese Bilder zugleich Kurztexte zum Lern- oder Arbeitsthema enthalten, lässt sich damit ein wunderschöner Seminareinstieg gestalten.

Eine weitere schöne Ankommensübung beginnt mit dem »Händereiben« und hat sieben Stufen (S. 96). Sie ist so elegant, weil zunächst kein Auffordern zum Aufstehen erforderlich ist. Das Händereiben ist jedermann zumutbar.

Zu Beginn eines Seminars kann eine Themeneinführung ebenso gut in Form eines Bewegungsablaufs (Bewegungsübung vom Typ 4) erfolgen. Damit schlagt man quasi zwei Fliegen mit einer Klappe. Die darin enthaltenen Lernelemente können anschließend während des Seminars gut mit der entsprechenden Bewegung als Geste verankert werden und die Teilnehmer immer auch selbst zu dieser Bewegung aufgefordert werden. So können Sie ein Seminar einmal ganz anders »anmoderieren« und bitten alle dabei mitzumachen.

Abschluss mit Bewegung

Zum Schluss eines Seminars ist Bewegung ebenso sinnvoll. Beispiele dafür sind unter anderem: Bewegung mit Sprung (toller Hirsch) als Abschluss oder Bewegung mit den Armen nach oben (zum Beispiel Ziele und Handeln, Pferderennen). Nachhaltig wirkt auch ein stehender Abschluss, bei dem die Teilnehmer aufgefordert werden, ein einziges Wort zu sagen, welches ihre Gefühle oder ihr Resümee wiedergibt. Es ist wichtig, dass dies wirklich nur ein einziges Wort ist, weil gerade dies Dynamik bringt.

> *»Lassen Sie uns alle zum Schluss des Seminars aufstehen und einen Kreis bilden ... Nun möchte ich bitten, dass Sie sich ein Wort überlegen, welches für Sie zum Abschluss dieses Seminars über ... wichtig ist. Vielleicht fangen wir links von mir an und gehen die Runde durch. Wenn Ihnen jetzt nicht gleich das Richtige einfällt ... wenn Sie dran sind, wird das passende Wort in Ihrem Kopf sein. ... Und jetzt los. Mein Wort ist ...«*
> (Der Trainer wendet den Kopf nach links und drückt gegebenenfalls noch zusätzlich die Hand.)

Eine wirkungsvolle Variante ist, aus dem Sitzkreis zu starten: Aufstehen und das Wort aussprechen, dann stehen bleiben. Dann steht der linke Nachbar des Trainers auf und spricht und so weiter.

Allgemein möchte ich Ihnen empfehlen, nach dem Bewegungsabschluss als Trainer kein Wort mehr zu sagen, wirklich nur »Standing Ovations« abzuwarten. Wichtig ist dann, dass sein Abschlussstatement vorausging. Das ist das stärkste Ende für ein Seminar.

Bewegungsübungen im Sitzen oder Start im Sitzen

Eine Fülle von Bewegungsübungen beginnen im Sitzen oder finden ganz im Sitzen statt. Dann ist es besonders einfach, Hemmungen der Teilnehmer oder auch eine gewisse Bequemlichkeit zu überwinden. Sie finden diese in der Übersichtstabelle aller Übungen auf Seite 202 gekennzeichnet. Auch die Kopiervorlage »Tipps für Tagungen und Seminare« im Anhang enthält gerade solche Übungen. Besonders erwähnen möchte ich:

- »Hände reiben in sieben Stufen« (S. 96),
- »Ja-Aktion« (S. 56),
- »Glenn Miller« (S. 62).

Bewegung und Entspannung

Bewegungsübungen sind auch zur Vorübung vor mentalen Phasen sehr sinnvoll und erleichtern die nachfolgende Entspannung der Teilnehmer. Hierbei sind besonders Übungen zu bevorzugen, die den Puls der Teilnehmer schnell auf ungefähr 140 hochbringen. Das sind zum Beispiel

- »Pferderennen« (S. 104),
- Zweiminütiges Hüpfen der Teilnehmer zu schneller Techno-Musik oder zu »My name ist not Susan« oder »Let's get loud«.

Sie müssen dies als Trainer natürlich den Teilnehmern vorher erklären beziehungsweise begründen. Für Entspannungsungeübte ist vorherige intensive Bewegung eine große Hilfe.
Der Ablauf ist folgendermaßen:

- Ziel der Entspannungs- beziehungsweise mentalen Übung zu erklären.
- Sagen, dass vorherige Bewegung die Entspannung erleichtert und somit den Lerneffekt vergrößert.
- Klären, ob die Entspannungsphase im Liegen stattfindet und jeden schon entsprechend einen Platz suchen lassen.
- Die Bewegungsübungen durchführen.
- Direkt anschließend soll sich jeder Teilnehmer auf seinen Platz begeben.
- Sie lassen die Teilnehmer die Augen schließen und beginnen mit der mentalen Phase.

Mit dem Absinken des Pulses nach der intensiven Bewegung können alle besser in die Entspannung hineingleiten. Es kann sein, dass die nachfolgende mentale Phase (zum Beispiel Lernkonzert, Lebensvision, Mentales Verhaltenstraining) wichtig ist und eine tiefe Entspannung erfordert. Dann ist die vorherige Bewegung umso nötiger für das Ergebnis.

Herkunft der Bewegungsübungen

Neben der Herkunft aus Aerobic und Gymnastik speisen sich die meisten der angegebenen Übungen aus den Feldern Kinesiologie, Qi-Gong, Yoga und andere sowie der Suggestopädie.

Kinesiologie

Die Angewandte Kinesiologie ist die Lehre vom Einfluss von Bewegung und Muskelzusammenspiel auf Kommunikation und Gesundheit. Der von Dennison (1999) propagierte Teilbereich findet in den letzten Jahren zunehmend Verbreitung. Dennison beschäftigte sich intensiv mit den Einfluss von speziellen Bewegungsübungen auf das Lernen. Einfache Bewegungsübungen, die so genannten Brain-Gym-Übungen (s. auch Dennison/Gail 1996), wirken sich besonders förderlich auf das Zusammenspiel der beiden Gehirnhälften aus und aktivieren bisher brachliegende Teile des Gehirns.

Die Wirkung dieser Übungen beruht in erster Linie darauf, dass die Bewegungsgrundlagen für das Lernen hergestellt werden (zum Beispiel die Augen können sich danach fließend von links nach rechts bewegen). Brain-Gym geht von der Annahme aus, dass dem zweidimensionalen Lernen – wie es zum Beispiel in der Schule gefordert wird – ausreichend Erfahrung im dreidimensionalen Bereich vorausgegangen sein muss, damit die Abstraktion in den zweidimensionalen Bereich erfolgen kann. Lesen lernt man durch lesen, schreiben durch schreiben. Aber: Wenn Übung nicht hilft, geht Brain-Gym davon aus, dass es nicht am Üben liegt. Eine Möglichkeit kann sein, dass es an den fehlenden Bewegungsgrundlagen für das Lernen liegt. Die Brain-Gym-Übungen helfen, diese zu aktivieren und zugänglich zu machen, sozusagen »online« zu bringen (Dennison/Teplitz 1996). Der größte Teil des Gehirns ist damit beschäftigt, Bewegung zu organisieren. Daher wirken sich diese Bewegungsübungen auf die Gehirnintegration und die neuronale Effizienz aus. In der Praxis bedeutet das zum Beispiel, dass sich die Konzentration steigert, das Schriftbild verbessert, weniger Fehler gemacht werden und die Ausdrucksfähigkeit vielfältiger wird. Hieraus resultieren Auswirkungen sowohl auf das Lernen als auch auf das Verhalten.

Insofern ist es nicht verwunderlich, wenn sich in Deutschland und auch in Österreich eine eigene Ausbildung zum Lernberater entwickelt hat, die mit dem Handwerkszeug der Angewandten Kinesiologie arbeitet. Die Erfolge der Kinesiologie sind manchmal erstaunlich. Brain-Gym-Übungen verheißen die folgenden gezielten Wirkungen:

Allgemein

- Positiv eingestellt bleiben.
- Kreativität fördern.
- Aufmerksamkeit und Konzentrationsfähigkeit steigern.
- Ruhig bleiben.
- Selbstvertrauen bewahren.
- Aktiv und aufmerksam zuhören.

Im Erwachsenenbereich

- Daten schnell und mühelos erfassen.
- Probleme lösen.
- Langfristige Strategien planen.
- Sich beim Umgang mit Menschen wohl fühlen.
- Andere Standpunkte erkennen.
- Konstruktive Kritik üben.
- Mit Kritik umgehen.
- Prioritäten setzen.
- Teamaufbau verbessern.
- Frei sprechen in der Öffentlichkeit.
- Ziele setzen und realisieren.
- Konferenzen leiten.
- Mit Einwänden umgehen.
- Kommunikation verbessern.

Im Bereich des schulischen Lernens

- Hand-Augen-Koordination verbessern.
- Schrift verbessern.
- Lesen und das Leseverstehen fördern.
- Fähigkeit steigern, Informationen im Kopf neu zu sortieren.
- Laute besser unterscheiden lernen (Diktat).
- Abstraktes Denkens fördern.

- Symbole (Schrift, Zahlen) unterscheiden lernen.
- Symbole (Lesen) ent- und verschlüsseln können.
- Feinmotorische Fähigkeiten stärken.

Ein Wirkungsexperiment
Ganz frappierend für alle ist ein kurzes kinesiologisches Experiment, welches Sie in Ihren Seminaren oder im Unterricht in wenigen Minuten durchführen können und welches ich in einem Workshop von Claudia Feichtenberger erlebt habe. Bitten Sie die Teilnehmer, sich drei Blatt Papier zu nehmen.

»Schreiben Sie auf das erste Blatt einige Zeilen, wie Sie sich im Moment fühlen, oder was Sie auf der Anfahrt erlebt haben. Sie haben eine Minute Zeit.«
(Zeit stoppen, nach einer Minute fahren Sie fort.)
»Nun nehmen Sie das zweite Blatt im Querformat und malen Sie darauf kontinuierlich eine liegende Acht. Beginnen Sie mit einen Aufwärtstrich zur linken Seite. Verfolgen Sie mit den Augen die Bewegung des Stiftes und setzen Sie diesen für eine Minute nicht ab.«
(Nach einer Minute.)
»Nun nehmen Sie das dritte Blatt und schreiben in einer Minute einige Zeilen darauf. Das Thema ist egal, vielleicht schreiben Sie Ihre Gefühle oder Ihre Erwartungen auf. «
(Nach einer Minute.)
»So, die Zeit ist vorbei. Stehen Sie bitte auf und legen Sie auf Ihren Sitz das erste Blatt links, das dritte Blatt rechts. Dann gehen Sie nach links und schauen die Blätter Ihrer Kollegen an. Was fällt Ihnen dabei auf, wenn Sie die beiden Blätter vergleichen?«
(Die Anweisung zum Gehen kann entsprechend der Stühleposition variieren. In einem Stuhlkreis ist es am einfachsten. Jeder soll an allen Stühlen kurz vorbeidefilieren. Nicht um den Text zu lesen, sondern um die Schriftform zu vergleichen. Wenn alle wieder am eigenen Platz angelangt sind und wieder sitzen, fragen Sie einige Meinungsäußerungen ab oder erbitten ein regelrechtes Blitzlicht.)

Dieses Experiment verblüfft alle Teilnehmer durch ihre »sichtbare« Auswirkung auf die Schönheit, Flüssigkeit und Regelmäßigkeit der Schrift. In nur einer Minute wurde eine feststellbare Änderung bei fast allen Teilnehmern erreicht. Dies zeigt die Wirkung einer einfachen Brain-Gym-Übung auf die

Handschrift und innere Ruhe. Damit werden die Wirkungen anderer Übungen auf andere Fähigkeiten glaubhafter.

Obiges Experiment können Sie jederzeit in Ihrem eigenen Seminar beziehungsweise Unterricht wiederholen. Lehrer, die Brain-Gym-Übungen in der Schule anwenden, berichten immer wieder über solche frappierende Wirkungen, die bei Schularbeiten messbar sind!

Yoga, Do-In, Qi-Gong, Tai-Chi, Bioenergetik

Bewegungsübungen in Seminaren und im Unterricht können auch diesen östlichen Methoden entlehnt sein. Die meisten Yogaübungen benötigen eine Matte und sind daher nicht so gut während des Unterrichts oder Trainings einsetzbar. Ihre Anwendung empfiehlt sich daher mehr für ein Morgenprogramm bei Seminaren.

Die **Yogatechniken** kommen aus Indien. Es handelt sich dabei um einen der vielschichtigsten Begriffe der indischen Kultur. Bei uns ist darunter zunächst ein Ober- oder Unterbegriff für praktische Übungs- und Heilstechniken zu verstehen. Aber Yoga steht auch als Name für eines von sechs klassischen Systemen und integriert neben rein körperlichen Übungen auch meditative Praktiken. Die **Do-In-Übungen** berufen sich auf ähnliche Quellen.

Die **Qi-Gong** und **Tai-Chi-Übungen** stammen aus China und sind so eng miteinander verknüpft, dass bei genauer Analyse die Konfusion der Begriffe hoch ist und diese sich geschichtlich nicht eindeutig zuordnen lassen. Qi-Gong, welches in den letzten Jahren zunehmend bekannter wird, ist die ältere Bezeichnung und enthält damit auch den heute eingeschränkten Inhalt des Tai-Chi, oft auch unter Tai-Chi-Chuan bekannt.

Es handelt sich beim Qi-Gong um Techniken zum Sammeln und Lenken der Qi-Energie durch Bewegung, Atmung und Meditation. Ziel ist Gesundheit und Langlebigkeit. Die bekannten Akupunkturpunkte beruhen sämtlich auf dem Qi-Gong.

Während man Qi-Gong so als Dach eines Gebäudes an Techniken ansehen kann, haben sich die Tai-Chi-Chuan-Techniken nach westlichem Verständnis mehr an Kampfsportarten orientiert. Ihr Wesen scheint mehr nach außen gerichtet, während Qi-Gong im Allgemeinen nach innen fokussiert ist. Einen ähnlichen Begriffswandel hat zum Beispiel das Kung-Fu mitgemacht. Heute steht es für uns als Inbegriff wirksamer Kampfsporttechniken. Ursprünglich war es ein Teilbereich des Qi-Gong.

Andere Auffassungen von Tai-Chi verstehen darunter mehr eine Bewegungsmeditation und betonen den spirituellen Aspekt. Die fließenden Bewegungen gleichen einem Tanz. Es geht dabei mehr um die Umsetzung tiefer menschlicher Erfahrung in Bewegung. Dabei stellt die Natur Metaphern für die Bewegungsabläufe dar.

Für unser Thema der Bewegungsübung in Unterricht und Seminar sind auf Qi-Gong und Tai-Chi basierende beziehungsweise entlehnte Abläufe von Vorteil,

- weil viele davon im Stehen ausgeführt werden,
- weil sie nicht auf Schwitzen abzielen, aber zu einer subtilen Stärkung des inneren Wohlbefindens beitragen,
- weil sie oft auf Tierbewegungen basieren und sich dadurch in lustiger Form einführen lassen,
- und nicht zuletzt wegen ihrer Wirksamkeit im energetischen Sinne.

Auch die in der Fragebogenaktion genannten bioenergetischen Übungen gehen in diese Richtung. Bioenergetik (Lowen 1977) ist ein Weg, die Persönlichkeit vom Körper und den Energieprozessen her zu verstehen. Energieprozesse sind die Atmung, der Stoffwechsel und die Entladung von Energie in Bewegung. Kräfte zur Freude und Lebenslust können so freigesetzt werden.

Suggestopädie

Die Lehrmethode der Suggestopädie, auch aktives und kreatives Lehren und Lernen genannt, nutzt Bewegung in vielfältiger Weise. Ziel ist ein ganzheitliches Lernen und das Ansprechen aller Sinne. Bewegung wird innerhalb der Suggestopädie in folgender Form eingebaut:

- als Energie-Auffrischer,
- als Stimmungsmacher,
- zur Verbesserung des Gruppenklimas, für Kontakte der Teilnehmer untereinander,
- für elegante Übergänge,
- als Nutzung des Muskelgedächtnisses insbesondere beim Sprachen lernen,
- zum Wechsel der Sozialform (zum Beispiel Gruppenübung nach frontalem Input),
- zur Strukturierung des Tagesablaufs.

Dabei werden sowohl die Forschungsergebnisse von NLP als auch Kinesiologie verwendet und die Abläufe der Bewegungen beispielsweise aus Qi-Gong/Tai-Chi ohne Berührungsängste genutzt.

Die Suggestopädie integriert alle diese Ansätze und geht dabei noch einen Schritt weiter. Wichtig ist es, den Lernenden oder Kursteilnehmer in eine Stimmung des Mitmachens zu bringen. Deshalb spricht ein geschulter Suggestopäde nicht in Form eines Imperativs: *»Steht nun alle auf und bückt euch mit gestreckten Beinen«*, sondern er lädt dazu ein und verpackt den gewünschten Bewegungsablauf oft in eine kleine Geschichte – das ist die Idealform. Natürlich ist es ein Fortschritt, wenn der Trainer oder der Lehrer sagen: *»Ich sehe, viele gähnen etwas, da möchte ich euch eine Übung anbieten, die wieder frisch macht (oder: die das Gehirn stimuliert und aufnahmefähiger macht).«*

Für mich ist Suggestopädie »die« ganzheitliche Trainingsform, sozusagen die Essenz und Synergie aller pädagogischen Methoden und Trainingstechniken. Dabei spielt die Sensibilität des Trainers beziehungsweise Lehrers eine besonders große Rolle, da sie den Einsatz des zur Anwendung kommenden Elements steuern, ob es nun Bewegung oder Entspannung, rein kognitives Lernen oder Arbeiten ist.

Wegen des wissenschaftlichen Hintergrunds verweise ich auf die bereits angeführte Literatur sowie auf die Experimente von Schiffler, nachzulesen in »Suggestopädie und Superlearning – empirisch geprüft« (1989).

Das bekannteste Element der Suggestopädie ist jedoch nicht die Bewegung, sondern die mentale Phase mit Musik, auch Lernkonzert oder Fantasiereise genannt. Weil solche Elemente in ihrer Wirksamkeit nicht gleich verständlich sind, ist es nicht verwunderlich, dass die Suggestopädie oft keinen Eingang in die offizielle Lehrerfortbildung gefunden hat. In Bayern ist sie offiziell unter diesem Namen vom Kultusministerium anerkannt. In Baden-Württemberg dagegen wird sie zwar praktiziert, wird aber nicht so genannt. Nach einem Erlass des Kultusministeriums ist eine Förderung von pädagogischen Veranstaltungen beziehungsweise Lehrerfortbildungen nur möglich, wenn die Suggestopädie nicht alleine, sondern neben anderen Methoden vorgestellt und darin ausgebildet wird. Der Begriff Suggestopädie bildet hier eine Barriere, was aber Qualität und Inhalt keinen Abbruch tun. Meist sind es die mentalen Phasen, also die Lernkonzerte, die von Nicht-Kennern gründlich missverstanden werden.

Anforderungen an Trainer

Nach diesen allgemeinen Ausführungen über den Kontext von Bewegungsübungen möchte ich nun auf die wichtigste Begrenzung für deren Einsatz kommen: Auf den Trainer selbst.

Hemmungen der Trainer

Was Trainer über Hemmungen und Ängste bei ihren Teilnehmern, Auftraggebern und ihr eigenes mangelndes Repertoire denken, wird für den Einzelnen selbst hinderlich. Folgende Vorgehensweisen empfehle ich, um eventuelle Hemmungen zu überwinden:

- Indem der Nutzen von Bewegungsübungen zunehmend bewusster wird, können zunächst in jeden Unterricht und in jedes Seminar unmerkliche Bewegungen der Teilnehmer, ohne spezielle Aufforderung zu Bewegungsübungen, eingebaut werden (Typ 0). Das Kapitel 2 beschreibt diese Möglichkeiten.
- Darauf aufbauend kann ein passendes Repertoire an Bewegungsübungen zusammengestellt werden. Die Grundlage dazu möchte ich Ihnen mit diesem Buch liefern.
- Bei vielen Tagungen kann man heute ganzheitliche Workshops erleben, die auch kurze Bewegungsübungen enthalten. Danach heißt es einfach: Selbst ausprobieren.
- Bei einem Suggestopädie-Wochenende kommen die Teilnehmer auch in Berührung mit Bewegungsübungen. Ebenso geschieht dies in einem Kinesiologie-Seminar. Aber die Kinesiologie-Übungen (Typ 2) alleine sind zu steril und strahlen nicht genug Stimmung aus. Sie sehen in diesem Buch, wie groß das Repertoire der Möglichkeiten ist. Die »Verpackung« und Einleitung der Bewegungsübung sind dabei oft das Wesentliche, damit alle mitmachen.

- Im Rahmen einer Suggestopädie-Ausbildung werden ohnehin Bewegungsübungen systematisch »trainiert«. Adressen gibt es über den Verband DGSL (S. 209).
- Speziell für Bewegungsübungen habe ich ein 24-Stunden-Seminar für Lehrer und Trainer entwickelt. In der Anfangsphase des Trainings werden besonders die Hemmungen abgebaut.

Sensibilität der Trainer

Der andere Pol der Grenzen seitens der Trainer ist ihre Sensibilität für das aktuelle Bedürfnis der Teilnehmer. Moderne ganzheitliche Seminare erfordern im Ablauf solche Bewegungsübungen zur Förderung der Ressourcen und Kreativität. Darüber hinaus sind sie als Auffrischer bei nachlassender Aufmerksamkeit nötig.

Hier müssen die Trainer ihre Antennen ausfahren und Sensibilität für das Nötige entwickeln. Sie müssen die Physiologie und die Sitzhaltung der Teilnehmer beobachten, auf die ersten Anzeichen von Gähnen achten, nachlassende Konzentration und Kreativität bemerken und zum Beispiel bei beginnender Diskussionsmüdigkeit eingreifen.

Neben einem Einführungssatz »*Ich lade euch nun ein zu …*« könnte man zu den meisten Übungen immer folgende kurze Erläuterung sagen: »*Dies ist eine körperliche Übung, die das Gehirn stimuliert. Sie können damit Ihre Aufmerksamkeit und Konzentration steigern, der Müdigkeit entgegenwirken und danach einfach besser wieder zuhören.*«

Ein Fremdwort wie Kinesiologie, Suggestopadie, NLP lassen Sie am besten weg! Oft wird es sich auch lohnen, zu Beginn Ihres Seminars oder Unterrichts einmal auf die verschiedenen Gehirnhälften einzugehen. Sie können dann den Zusammenhang zwischen Physiologie und Wohlbefinden erläutern, wie es mit dem NLP-Kommunikationsmodell zu Beginn dieses Kapitels dargestellt wurde. Von Claudia Feichtenberger habe ich den nachfolgenden Text erhalten, mit dem sie ihre Bewegungsübungen einführt.

»Ich zeige euch eine Bewegungsübung und wenn ihr eurem Gehirn etwas Gutes tun wollt, könnt ihr sie ebenfalls machen. Durch das viele Sitzen und durch zu wenig Bewegung werden die Nervenstränge, die die Gehirnhälften verbinden, zwischendurch etwas lahm gelegt. Eine gute Verbindung der beiden Gehirnhälften erspart euch zu Hause viel Arbeit. Wenn wir Neues lernen, wie

zum Beispiel hier in der Schule, ist die linke Gehirnhälfte besonders aktiv. Der Stoff soll aber ins Langzeitgedächtnis, und das befindet sich in der rechten Gehirnhälfte. Wenn die Verbindung gut ist, geht das schneller und das bedeutet für euch, dass ihr mehr Freizeit habt. So einfach ist das.

Ich gebe euch auch im Unterricht immer wieder einmal Gelegenheit, euren Körper zu bewegen – durch Aufstehen und so weiter. Der Sinn dahinter ist der, eurem Gehirn etwas Gutes zu tun, mehr Sauerstoff zuzuführen. Euer Gehirn leistet sehr viel, da muss man ihm einfach zwischendurch ein bisschen Aufmerksamkeit schenken!«

Suggestopädische Bewegungsübungen erlauben auf Grund der Begleitgeschichte oft einen besonderen sanften Einstieg. So leite ich zum Beispiel die Bewegungsübung »Pferderennen« in der Regel wie folgt ein:

»Wer von Ihnen kennt die Toskana? …

Und wer kennt dort Siena? …

Da gibt es einen recht kleinen Platz, welcher von Cafés für die Touristen umsäumt ist. Vielleicht stehen Sie alle einmal auf und wir bilden einen Kreis … Näher zusammenrücken, noch näher. Die Schultern berühren sich jetzt und keiner kann mehr umfallen …

Etwas größer ist der Platz schon in der Wirklichkeit. Können Sie sich vorstellen, dass dort jedes Jahr ein Pferderennen stattfindet? Dieses findet in Siena mehr Beachtung als bei uns das Bundesliga-Fußball-Schlagerspiel des Jahres. Die großen Patrizierfamilien (die praktisch die Vereine darstellen) finanzieren einen Jockey mit einem Superrassepferd.

Stellen Sie sich nun vor, dass Sie dieser Jockey und Pferd in einem sind. Sie wippen etwas elastisch in den Knien, gleich geht es los und Sie reiten für die Ehre Ihrer Familie.

Achtung, Gong!«

Und schon sind alle mitten in der Bewegungsübung (weiter auf S. 104). Andere Übungen lassen sich auch im Sitzen durchführen oder beginnen im Sitzen.

Eine grundsätzliche Empfehlung möchte ich noch machen: Erfragen Sie nach jeder Bewegungsübung das Feedback der Teilnehmer, möglichst in Form eines Blitzlichtes oder per Handheben, damit Sie einen kompletten Überblick erhalten. So können Sie selbst aus diesen Erfahrungen lernen und sind nicht auf Vermutungen angewiesen.

Kapitel 2

Bewegung ohne spezielle Aufforderung

Für ein lockendes Ziel bewegen wir uns ... ohne darauf zu achten

Bewegungsbedarf

Durch das viele Sitzen in Seminar und Unterricht entsteht meist ein großes Bedürfnis nach Bewegung. Wenn die Bewegung unmerklich im Seminarablauf eingebaut ist, kommt dies den Teilnehmern entgegen, ohne erst Hemmungen überwinden zu müssen. Ich fasse solche Aktivitäten als Typ 0 zusammen. Wie man aus den dargestellten Abläufen sieht, ist dafür keine zusätzliche Zeit erforderlich. Im Allgemeinen erhöht dies den Aktivitätslevel, die Kreativität und die Bereitschaft der Teilnehmer, sich auf Neues einzulassen!

Probleme und Pannen kann es bei den folgenden Übungen nicht geben, weil die Bewegung unmerklich eingebaut ist. Je mehr die Teilnehmer gewohnt sind, sich von ihren Stühlen zu erheben, desto bereitwilliger werden sie die Übungen der höheren Stufen mitmachen. Die textliche Darstellung erfolgt neutral, obwohl sich einige mehr für den Einsatz in der Schule, andere mehr bei Erwachsenen eignen.

Aschebrock (1998) listet für eine bewegungsfreudige Schule folgende Möglichkeiten auf:

- Die Integration von Bewegung in Schulfeste,
- Angebot von Bewegungsgeräten für Pausen (Stelzen, Reifen, Bälle ...),
- Angebot von Pausentänzen,
- Sitzbälle in den Klassen,
- Wandertag statt Bustourismus,
- Information der Eltern bis zur schulinternen Fortbildung.

Vorbereitende Aufgaben und Arbeitsaufträge erledigen

Zu Beginn eines Seminars können Sie die Teilnehmer bitten, Stühle oder Getränke zu holen, die bereitliegenden Namensschilder zu verteilen oder Sie lassen sich helfen, den Raum umzubauen. Dies ist zugleich eine gute Ankommensübung, wie mir ein suggestopädischer Trainer erzählt hat, der sonst eine Entspannungsübung zu Beginn einsetzt.

Unmerklich werden Bewegungen auch dann ausgeführt, wenn Arbeitsaufträge vergeben werden:

- Die Teilnehmer werden aufgefordert, zum Flipchart oder zur Pinnwand zu gehen, um dort Punkte zu kleben, zum Beispiel für:
  - Stimmungsbarometer (gegebenenfalls mehrfach im Ablauf),
  - Landkarte für Herkunft,
  - Vorkenntnisse.
- Teilnehmer ordnen Karten auf der Pinnwand selbst an.
- Teilnehmer sollen sich persönlich vorstellen, kommen dabei einzeln nach vorne. Diese Übung kann man noch gut ausbauen: Wenn der Raum eng ist, und die Sache schnell ablaufen soll, wird den Teilnehmern ein Weg vorgegeben fur den Auftritt und Abgang. So umrunden sie gegebenenfalls einmal den ganzen Raum. Damit entwickelt sich eine ganz andere Kreativität als bei einer Vorstellung vom Sitzplatz aus, noch dazu hinter Tischen!

Stellübungen

Stellübungen zum Kennenlernen

Diese Übungen sollen die Kontakte der Teilnehmer untereinander verbessern und das Kennenlernen fördern. Die Teilnehmer werden aufgefordert, sich zu verschiedenen Fragen an verschiedenen Plätzen aufzustellen. Diese Übung macht viel Spaß, weil man mit emotional besetzten Fragen arbeiten kann. Das ist auch bei innerbetrieblichen Seminaren oft sehr hilfreich. Zur Differenzierung können Sie Fragen aus folgenden Bereichen stellen:

- Sachlich: Alter, Beruf, Autotypen, Wohnorte und vieles mehr.
- Hobbys, Sport.
- Emotional: Genussgewohnheiten (zum Beispiel Getränkevorlieben, Schokoladenliebhaber, Tee- und Kaffeetrinker), Ernährung, Idole, Sprichwörter. Das kommt immer gut an.
- Fach- oder firmenspezifisch: Betriebszugehörigkeit, Abteilung, Fachkenntnisse, Kundenkontakt oder Ähnliches.

Für die praktische Umsetzung ist Folgendes hilfreich:

- Auf dem Boden wird eine lange Schnur durch den Raum oder Stuhlkreis verlegt. Links und rechts davon werden mit Tesakrepp zwei große farbige Blätter mit »Ja« und »Nein« angebracht. So können sich die Teilnehmer gut positionieren, wenn die Stellübungen zwei Kategorien haben.
- Bei Stellübungen mit mehr als zwei Kategorien sollten die Positionen – beispielsweise die Ecken des Raumes – am besten anhand einer schnellen Flipchart-Skizze aufgezeichnet werden.
- Bei Fragen, wie beispielsweise nach den Jahren der Betriebszugehörigkeit – die Teilnehmer sollen eine Reihe bilden – ist es auch sinnvoll, die Schnur gebogen zum Halbkreis zu verlegen, damit sich alle Teilnehmer untereinandersehen können.

- Gerade bei den Übungen mit mehreren Kategorien ist es sinnvoll, die Teilnehmer um kurze Statements über ihre »Position« bei dieser Fragestellung zu bitten. Zumindest untereinander sollte dieser »Positionsaustausch« erfolgen. Das fördert das gegenseitige Kennenlernen und verbessert die Stimmung.

Auch mit Gruppen über 50 Personen kann mit dieser Technik problemlos gearbeitet werden. Außerdem können Sie diese Übungen zur Bildung von Kleingruppen weiternutzen.

Arbeitsaufgaben am Boden, im Stehen oder Gehen erledigen lassen

- Die Teilnehmer müssen mit Karten oder ähnlichen Dingen ein Puzzle auf dem Boden sinnvoll zusammenstellen.
- Alle Teilnehmer gehen herum, um sich Bilder auszusuchen, die auf dem Boden liegen.
- Auf dem Boden malen oder schreiben.
- Aus dem Raum einen Gegenstand oder ein Bild suchen und diesen bei der anschließenden Vorstellungsrunde zeigen und erläutern lassen.
- Cocktail-Kennenlernübung: Die Teilnehmer gehen zum Beispiel mit ausgewählten Bildern oder Gegenständen herum, suchen sich einen Partner und erläutern diesem das Bild beziehungsweise den Gegenstand und stellen sich anschließend vor.
- Eine ähnliche Kennenlernübung mit dem Namen »Rasender Reporter« lernte ich bei Axel Rachow kennen. Jeder Teilnehmer erhalt ein Formular mit sechs bis zwölf Fragen (Beispiel auf S. 46). Jeder muss nun durch Rufen und Ansprechen eine Person finden, die ihm diese Fragen beantwortet beziehungsweise das gefragte Kriterium erfüllt. Von diesem Teilnehmer muss er sich eine Unterschrift geben lassen. Das ist ein lustiges Spiel. Zur Erhöhung der Dynamik können Sie die Schnellsten mit einem Preis belohnen.
- Zwischendurch können Sie die Teilnehmer einmal aufstehen und für zwei bis drei Minuten im Stehen weiterarbeiten lassen.
- Die Teilnehmer sollen durch den Raum laufen und sich gegenseitig in verschiedenen Sprachen »Guten Tag« sagen.
- Praktisch jede Gruppenarbeit bringt Bewegung in die Gruppe. Allein schon das Herumdrehen von Stühlen stellt eine Bewegung dar. Sie können auch bei Präsentationen alle Beteiligten bitten aufzustehen und gegebenenfalls auch mit nach vorne zu kommen, nicht nur der Berichterstatter.

Rasender Reporter

Rote Haare	Joggt regelmäßig
Grüne Socken	Tanzt gerne
Betriebszugehörigkeit > 10 Jahre	Kann singen
Trinkt morgens Orangensaft	xxx
Braune Augen	xxx
Trägt Schnürschuhe	xxx
War in Paris	xxx
Spricht Russisch	xxx

- Alle Spiele, die mit Herumgehen und -laufen arbeiten, auch Rollenspiele bringen Bewegung.
- Sie können auch Infomarkt-Präsentationen mit Pinnwänden oder Vernissage-Präsentationen im Stehen, zum Beispiel nach Gruppenarbeiten, durchführen. Hier kann der Trainer die Teilnehmer locker ermuntern, einfach stehen zu bleiben. Überhaupt zeigen Präsentationen wichtiger Themen bei Führungskräften oft diesen automatischen Ablauf, weil die Teilnehmer einfach emotional mitgehen und die Übrigen möglichst nahe kommen wollen.
- Mit »Walk to Write« bezeichnet man eine Übung, bei der die Teilnehmer an vorbereiteten Flipcharts oder Pinnwänden vorbeigehen und darauf Antworten auf Fragen notieren. Der Trainer gibt den Takt zum Weitergehen an.
- Es gibt in manchen Seminaren auch Teilnehmer-Einzelarbeiten, wo es sinnvoll ist, dass der Teilnehmer zum Beispiel ein Bild oder einen Kurztext auf seinen Platz legt. Dann gehen alle nacheinander im Kreis herum und schauen an, was auf den übrigen Plätzen liegt.
- Im Kreis gehen und den Rücken oder die Schultern des Vorgängers massieren, gehört schon fast zum Typ 1 (Kreismassage).

Stellübungen zum Lerninhalt

Gerade um kinästhetische Lerner anzusprechen gibt es vielfältige Möglichkeiten, den Lerninhalt direkt in Bewegung zu verwandeln.

- Sprachseminare machen das am einfachsten mit Anweisungen in der Fremdsprache, die vom Lerner ausgeführt werden, so genannte TPR (Total Physical Response, s. S. 166f.).
- IT-Trainings markieren die Dateipfade mit Kärtchen auf dem Boden und lassen die Lerner zur Umsetzung von Datei-Befehlen entsprechend darauf herumlaufen (s. Seite 168f.).
- Sogar in Management-Trainings wird auf dem Weg zur so genannten »Lernenden Organisation« empfohlen, Seminarteilnehmer die Unternehmensvision oder sonstige Arbeitszusammenhänge als »Kinästhetisches Modell« durch eine Art Stellübung abzubilden und das System dann zum Laufen zu bringen.
  Einer der Teilnehmer stellt zum Beispiel einen Kundenauftrag oder ein Materialteil dar und bewegt sich von Station zu Station.
  Stellen Sie sich zum Beispiel vor, wie Manager einen »Just-in-Time«-Fertigungsprozess abbilden. In der ersten Phase stellt eine Teilnehmergruppe dicht zusammengedrängt den Lagerbestand dar. Nun soll ein neues Verfahrens vorgestellt werden. Diese Teilgruppe bleibt nun draußen und kommt einzeln in die »Fabrikhalle« herein. Das Verfahren wird erläutert. So wird das Verständnis der Zusammenhänge schneller klar als wenn es nur mit Referat und Diagrammen dargestellt wird! (Kline 1995, S. 182).

Arbeit im Stehkreis

Im Stehkreis kann man alles tun, was man auch im Sitzen machen kann, wenn nicht geschrieben werden muss. Der Trainer kann »Stoff« vortragen, man kann Einsetzübungen machen, etwas vorlesen lassen, Fragen stellen. Das gilt vor allem für die Verwendung im schulischen Bereich. So ein Stehkreis ist schnell gebildet und wieder aufgelöst. Ein paar Minuten im Stehkreis verschaffen den Teilnehmern ohne viel Worte erleichternde Bewegung! Bei der Präsentation von Kleingruppenarbeit können Sie problemlos die Teilnehmer zum Bilden eines Stehkreises »verleiten«, was bei interessantem Inhalt ganz leicht geht, beispielsweise bei Problemlösungen in Management-Seminaren.

Sonstige Möglichkeiten

- Teilnehmer müssen (eventuell gleich zu Beginn) den Platz wechseln. Hierzu eignet sich folgender Gag: Unter den Stühlen hat der Trainer vorher oder in der Pause Namensschilder befestigt. Nun fordert er die Teilnehmer auf, sich auf den Stuhl mit seinem Namensschild zu setzen. Überhaupt ist es wichtig, die Teilnehmer zu Beginn und später darauf hinzuweisen, nach jeder Pause den Platz zu wechseln, um öfter den Raum aus einer anderen Perspektive wahrzunehmen.
- Dieser Platzwechsel kann auch lustig eingeführt werden. Der Trainer bittet gleich zu Beginn die Teilnehmer beziehungsweise die Schüler, einen Stuhl weiter zu rücken. Dann schreibt er an die Tafel beziehungsweise das Flipchart »*Wir sind alle ver-rückt*«. Der Gag fördert die Stimmung und wirkt so als Eisbrecher.
- Alle Teilnehmer sollen einen Gegenstand aus der Natur mitbringen (der später gegebenenfalls als dekoratives Element in den Stuhlkreis gelegt wird). So werden alle automatisch zu einem kleinen Spaziergang gebracht. Die Aufgabenstellung lautet: *»Gehen Sie in der Pause nach draußen und bringen Sie von dort irgendeinen Gegenstand mit, der Sie spontan anzieht, möglichst aus der Natur. Denken Sie nicht zu viel über die Auswahl nach.«*
  Dieser mitgebrachte Gegenstand eignet sich gut für die Abschlussrunde eines Seminars, indem jeder sein Feedback oder Schlusswort mit dem Gegenstand verbindet. Das erhöht den Aufmerksamkeitswert aller Teilnehmer ungemein und senkt die Lähmung, die sich bei zu langer Schlussrunde einstellt. Auch mit fast 40 Teilnehmern fand ich das einen sehr energetischen Abschluss.
- Bei firmeninternen Workshops für Problemlösungen oder kreative Durchbrüche eignet sich auch besonders der Ansatz einer Wanderung zu zweit (»Walk to Talk«), mit einer Aufgabenstellung und gegebenenfalls einem Klemmbrett mit farbigem Papier.

Lernspaziergang

Besonders sinnvoll ist ein solcher Lernspaziergang, wenn viel Stoff aus Unterlagen während des Seminars oder im Unterricht von den Teilnehmern beziehungsweise Schülern gelesen werden muss: Gehen und lernen, gehen und etwas durchlesen.

Folgende Spielregeln helfen Störungen von Außenstehenden zu vermeiden:

- Jeder geht für sich allein und bleibt während des gesamten Lernspaziergangs ganz bei sich.
- Jeder ist immer in Bewegung.
- Nach einer vorgegebenen Zeit kommen alle wieder eigenverantwortlich in den Seminar- beziehungsweise Klassenraum.
- Geben Sie den Teilnehmern beziehungsweise Schülern genaue Anweisungen, was zu tun ist und sagen Sie ihnen auch klar, wo sie sich bewegen können. Halten Sie sich während des Lernspaziergangs auch in diesem Gebiet auf und gehen Sie mit herum.

Nach zwei bis drei Lernspaziergangen haben sich die Teilnehmer beziehungsweise Schüler daran gewöhnt und werden bei gewissen Aktivitäten dann von selbst danach fragen. Diese Übung ist den Mönchen nachempfunden, die durch den Kreuzgang schritten und dabei ihr Brevier lasen.

Für jeglichen Lernstoff lässt sich folgende Variante verwenden: Der Trainer notiert die Essenz des Lernstoffs nach Zuruf der Teilnehmer kapitelweise auf je einem Flipchart und hängt diese verteilt im Raum aus. Zu bestimmten Zeitpunkten werden die Teilnehmer aufgefordert, diese Charts nochmals zur Verankerung »abzuschreiten« und zu lesen.

Einsatz von Bällen

Wenn Sie es gewohnt sind, mit kleinen Flumi-Bällen oder gar Plüschtieren zu arbeiten, die bei einer Blitzlichtrunde von Teilnehmer zu Teilnehmer wandern, werden diese ebenfalls zu einem Stimulans für Bewegung: Die Teilnehmer werfen sich diese mit großer Freude zu. Ich habe schon oft erlebt, dass auch in den Pausen spontan solche Zuwerf-Ball-Spiele entstanden sind.

Gezielt können solche Ballspiele eingesetzt werden, wenn Lernstoff mit Fragen wiederholt wird. Die Seminarteilnehmer beziehungsweise die Schüler werfen den Ball und stellen eine Frage zum Thema. Der Fänger beantwortet die Frage und stellt dann die nächste Frage und wirft den Ball einem anderen Teilnehmer zu.

Die Teilnehmer bewegen sich nach hinten, nach links und nach rechts mit dem Oberkörper, um die anderen zu sehen. So kommen sie auf ihren Sitzplätzen in Bewegung. Wenn der Ball einmal auf den Boden fällt, muss ohnehin einer aufstehen. Diese Form eines Lernspiels mit Ball ist eigentlich schon fortgeschritten. Eine noch einfachere Form ist gegeben, wenn die Schüler zum Beispiel das Alphabet rückwärts sprechen sollen. Dann reicht es aus, den Ball in der Runde weiterzureichen und es kommt mehr auf den flüssigen Ablauf ohne großes Nachdenken an.

Eine andere Form der Lernstoffwiederholung mit Ball wird erreicht, wenn die Fänger einfach nur einen Satz als Resümee aus dem vorherigen Lerninput aussprechen. Eventuell kann man auch zuerst noch wiederholen lassen, was der Werfer gesagt hat. Hier entsteht ein emotionaler Effekt dadurch, dass man sich wundert, was sich die anderen alles gemerkt haben beziehungsweise was für diese wichtig war.

Folgende Bälle eigenen sich gut für diese Übungen: Tennisbälle, Jonglierbälle, Softbälle, Flumi-Bälle sowie der immer vorhandene »Papierball« (einfach ein großes Blatt zu einem Ball zerknüllen). Auch Schaumstoff-Frisbee-Scheiben lassen sich sehr gut einsetzen.

Wichtig für alle Ballspiele ist es, auf Tempo zu achten, sonst wird es langweilig.

Kapitel 3

Isometrische und gymnastische Übungen für mehr Sauerstoff

Heben Sie das linke Bein, legen eine Hand um das Ohr und die andere aufs Knie – die Auflösung des Knotens hören Sie morgen.

Bewegungs-Centering (Ankommensübung)

Teilnehmerzahl:	Ab 6 möglich, Begrenzung nach oben nur durch Platz für Kreis, gegebenenfalls auch zwei Kreise bilden.
Dauer:	3–5 Minuten, auch länger möglich.
Platzbedarf:	Im Stehkreis.
Musikeinsatz:	Trommel-Trance-Musik.
Emotionalität:	Stark.
Körperkontakte:	An die Hände fassen.
Requisiten:	Keine, jedoch Papiertaschentücher bereithalten.
Vorbereitung:	Keine.
Erklärung:	Keine vorher.
Achtung:	Wegen des notwendigen Anfassens eignet sich die Übung zu Beginn eines Seminars nur, wenn die Teilnehmer sich schon gut kennen und keine Hemmungen zu erwarten sind. Ansonsten erst als Morgenübung am zweiten oder dritten Tag einsetzen.
Varianten:	Durch den Text.
Wirkung:	Abschalten von der Anreise, belebend und gruppendynamisch.
Anwendungsphase:	Wenn sich die Teilnehmer schon kennen zum Start, sonst morgens.

Teilnehmer einen Kreis bilden und die Nase schnäuzen lassen (wegen des nachfolgenden intensiven Ausatmens über die Nase). Alle fassen sich an die Hände. Schnelle Trommelmusik einschalten.

Alle bewegen den Oberkörper rhythmisch nach vorne und nach hinten, beugen ihn zunehmend nach unten und rückwärts.

»*Wir atmen nun nur durch die Nase ein und aus …*
(Kräftige Bewegung mit dem Oberkörper machen, zirka 1–2 Minuten.)
Nun atmen wir durch den Mund ein und aus …
(Kräftige Bewegung mit dem Oberkörper machen, zirka 1–2 Minuten.)
Nun atmen wir durch die Nase ein und durch den Mund aus …
(Kräftige Bewegung mit dem Oberkörper machen, zirka 1–2 Minuten.)

Nun atmen wir durch den Mund ein und durch die Nase aus. ...
(Kräftige Bewegung mit dem Oberkörper machen, zirka 1–2 Minuten.)
Wir lassen den Atem nun so fließen, wie er kommt und stellen uns einen wunderbar farbigen Abfalleimer vor, der einen Deckel zum Klappen hat. Dieser Deckel klappt auf, wenn wir uns nach vorne bücken.
In diesen farbigen Abfalleimer atmen wir alle unseren augenblicklichen Stress hinein. Der Stress fällt von uns ab. ...
(Dazu immer weiter die Bewegung ausführen.)
- *der Stress der Anreise,*
- *die Akten auf dem Schreibtisch,*
- *der Ärger in der Firma,*
- *der Ärger über diesen Seminartermin.«*
- ...

(Wenn Ihnen keine Stressart mehr einfällt, so machen Sie noch etwas mit der Bewegung weiter, verlangsamen allmählich und sprechen dann den Abschluss.)
»Nachdem wir alle unseren Stress losgeworden sind, kommen wir langsam zur Ruhe und Entspannung und sind bereit für den Beginn (Fortgang) *des Seminars.«*

Bei dem Text versetzen Sie sich in die aktuelle Situation der Teilnehmer hinein. In der Regel haben Sie schon eine Begrüßung gemacht, die Erwartungen der Teilnehmer abgefragt, die Vorstellungsrunde erlebt. Daraus haben Sie auch Material für Ihren Text gewonnen. Natürlich lässt sich der Text auch gut an den Schulunterricht anpassen.

Tier- und Baumübung

Teilnehmerzahl:	Bis 20, sonst dauert es zu lange.
Dauer:	Mindestens eine halbe Minute pro Teilnehmer für die Aktion einplanen.
Platzbedarf:	Nur vorne beim Trainer.
Musikeinsatz:	Ohne.
Emotionalität:	Steigt mit der Kreativität der Teilnehmer.
Körperkontakte:	Keine.
Requisiten:	Keine.
Erklärung:	Siehe unten.
Achtung:	Nicht mit einer solchen Übung anfangen, sondern erst einsetzen, wenn sich die Teilnehmer etwas kennen, zum Beispiel am zweiten Seminartag. Nach dem ersten Klatschen ist das Eis gebrochen.
Varianten:	Gegebenenfalls koppeln mit einem Wort oder Satz, welches der Teilnehmer vorne auf das Flipchart schreibt über seine aktuellen fachlichen Gedanken oder seine Stimmung.
Wirkung:	Lockert auf, erhöht die Gruppendynamik, erfrischt.
Anwendungsphase:	Tageseröffnung, nicht jedoch zum Start eines Seminars, besonders für Verhaltenstrainings gut geeignet.

Die Teilnehmer werden gebeten, sich

- ein Tier,
- einen Baum oder auch
- ein Gewässer oder
- ein Möbelstück

vorzustellen, wodurch ihre augenblickliche Stimmung am besten repräsentiert wird. Sie sollen dann aufstehen und eine entsprechende Pantomime darstellen – während die übrigen Teilnehmer raten. Auch die Vorstellung einer Sportart passt gut in diese Kategorie.

Im Gegensatz zum Blitzlicht, das in einer sitzenden Runde durchgeführt wird, bringt diese Übung sowohl Gefühlsäußerungen, als auch den Vorteil der

Bewegung, weil die Teilnehmer ihren Platz verlassen. Im genauen Wortlaut sieht diese Übung folgendermaßen aus:

> »*Ich lade euch nun zu einer kurzen und lustigen Übung ein, die uns Schwung für den Tag geben wird. Überlegt bitte einmal, welches Tier* (welchen Baum, welches Gewässer, welches Möbelstück, welche Sportart) *im Moment am besten eure Stimmung ausdrückt … Wenn ihr euch entschieden habt, so kommt nacheinander nach vorne und führt eine typische Bewegung oder auch Haltung dieses Tieres* (Baumes, Gewässers, Möbelstücks, dieser Sportart) *vor. Wir beginnen mit der so genannten Popcorn-Methode, das heißt, es kommt nach vorne, wer dazu bereit ist – wie ein Popcorn, welches heiß wird und hochspringt. Die übrigen Teilnehmer raten dann, was die Bewegung darstellen soll.*«

Wenn das Warten auf den Ersten zu lange dauert, führen Sie Ihre eigene Bewegung vor. Klatschen Sie nach Abschluss jedes Einzelnen, die Teilnehmer werden folgen und dies auch bei den übrigen beibehalten. Sie geben natürlich den Teilnehmern nur eines der möglichen Motive vor. Mit einem Tier fahren Sie immer gut, aber es könnte sogar ein Auto sein!

Die »Ja«-Aktion

Teilnehmerzahl:	Unbegrenzt.
Dauer:	2–4 Minuten.
Platzbedarf:	Keinen.
Musikeinsatz:	Wenn, dann leise aber flotte Musik.
Emotionalität:	Entwickelt sich.
Körperkontakte:	Keine.
Requisiten:	Keine.
Vorbereitung:	Keine.
Erklärung:	Fast keine nötig.
Varianten:	Diese Übung geht im Stehen oder auch im Sitzen. Bei einem kleineren Kreis können die Teilnehmer auch abwechselnd Fragen stellen (s. Kapitel über mehrstufige Übungen).
Wirkung:	Weckt auf, stimmt auf den Tag ein.
Anwendungsphase:	Besonders gut am Morgen. Auch zum Start.

Eine ganz einfache Übung, die ich einmal spontan auf einer Tagung mit 300 Teilnehmern erfunden habe, ist die »Ja«-Aktion. Der Ablauf sieht folgendermaßen aus: Bitten Sie die Teilnehmer, laut zu gähnen und die Hände über den Kopf zu heben. Noch zweimal wiederholen. Dann dazu Fragen rufen, die Teilnehmer antworten automatisch mit lautem Rufen:

»Seid ihr alle noch müde? – JA!
Ist das ein interessantes Seminar? – JA!
Scheint die Sonne schön herein? – JA!
Haben wir alle zu kurz geschlafen? – JA!
Haben wir gut gefrühstückt? – JA!«

Dies sind nur anregende Fragen, je nach Atmosphäre müssen sie variiert werden. Zwei bis drei Fragen sollten auch zu den Seminarinhalten gestellt werden. Aber natürlich nur, wenn über eine Ja-Antwort Sicherheit besteht. Wenn es gut läuft, dann reicht ein Zuruf an den Teilnehmer links oder rechts, und dieser ruft eine Frage. Die sich entwickelnde Dynamik ist immer sehr positiv.

Gordischer Knoten

Teilnehmerzahl:	Mindestens 8, am besten nicht mehr als 20. Bei größerer Teilnehmerzahl können Teilgruppen gebildet werden. Gegebenenfalls ist ein Wettbewerb möglich. Das Team, das am schnellsten die »Entwirrung« schafft, hat gewonnen.
Dauer:	5–15 Minuten, steigt mit der Teilnehmerzahl.
Platzbedarf:	Weniger als der Stehkreis.
Musikeinsatz:	Möglich, aber nicht erforderlich.
Emotionalität:	Gut.
Körperkontakte:	Trotz Anfassens ist die Übung auch bei unbekannten Personen geeignet, die so schnell miteinander in Kontakt kommen.
Requisiten:	Keine.
Vorbereitung:	Keine.
Erklärung:	Gleich umsetzen.
Achtung:	Es kann passieren, dass nicht ein sondern zwei Kreise beim Entwirren entstehen.
Varianten:	Man kann dieses Spiel auch umgekehrt spielen, also mit dem festen Kreis anfangen, und dann die Teilnehmer »ineinander« steigen lassen.
Wirkung:	Lachen und etwas Bewegung. Diese Übung ist zugleich gut für die Entwicklung der Gruppendynamik. Bei mehreren Gruppen entwickelt sich ein sportlicher Wettbewerb.
Anwendungsphase:	Jederzeit.

Eine beliebte Übung, vor allem in Teamentwicklungs-Seminaren, ist der so genannte »Gordische Knoten«. Aus dem Namen wird erkenntlich, dass es um eine »Auflösung« geht. Die Übung können Sie wie folgt anleiten:

> »*Bitte stellen Sie sich im Kreis beziehungsweise in Form einer schmalen Ellipse auf. Rücken Sie ganz eng zusammen* (vor allem wenn es mehr als zehn Teilnehmer sind). *Schließen Sie die Augen und tasten Sie mit beiden Händen, bis Sie auf eine andere, fremde Hand treffen. Mit dieser vereinigen Sie sich nun … Wo ist noch eine Hand freigeblieben? Heben Sie diese hoch, dann helfe ich, dass sie eine andere findet … Öffnen Sie nun die Augen. Nun versuchen Sie, den Knoten zu entwirren, ohne die ergriffenen Hände loszulassen.*«

Ball-Netzwerk

Teilnehmerzahl:	Maximal 30.
Dauer:	3 Minuten.
Platzbedarf:	Wie der Stehkreis.
Musikeinsatz:	Ohne.
Emotionalität:	Entsteht etwas durch die Dynamik der Übung.
Körperkontakte:	Keine.
Requisiten:	Mindestens so viele Tennisbälle wie Teilnehmerzahl.
Vorbereitung:	Bälle bereithalten.
Erklärung:	Starten mit einem Satz.
Achtung:	Aufpassen auf den ersten Ball, der zu Ihnen zurückkommt.
Variante:	Das Ballwerfen mit Nennung der Namen verbinden. Das verbessert den Kontakt untereinander und erleichtert das Namenlernen.
Wirkung:	Stimmung, etwas Energieaufbau, Teamgefühl (gut bei Teilnehmern aus dem Management, die auf Leistung aus sind). Gute Metapher für ein Netzwerk und Zusammenarbeit.
Anwendungsphase:	Mittendrin jederzeit.

Für diese Übung benötigen Sie mindestens genauso viele (Tennis-)Bälle wie Sie Teilnehmer haben. Die Übung erfolgt am besten im Stehkreis, obwohl sie im Sitzen auch möglich ist. Sie als Trainer beginnen und werfen einem Teilnehmer einen Ball zu mit den Worten:

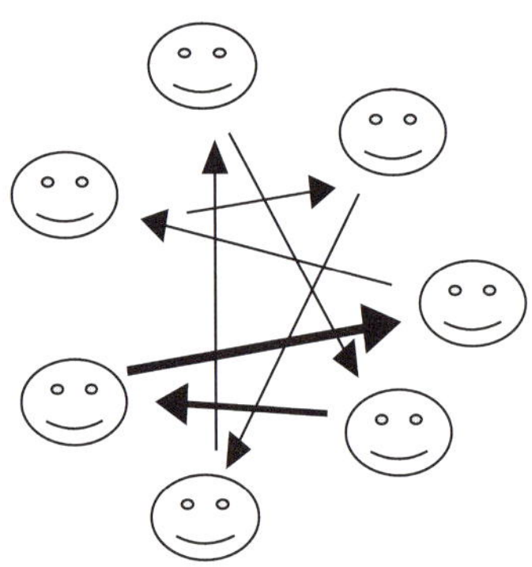

»Bitte geben Sie diesen Ball quer einem anderen weiter. Jeder soll sich merken, an wen er weitergibt. Der Letzte soll den Ball wieder mir zuwerfen. Es ist nun jeder mit zwei anderen Personen ›verbunden‹ (erhalten und weitergeben) und soll sich seine ›Vernetzung‹ merken.«

Sie legen sich vorher alle Bälle zurecht und werfen dann in schneller Aufeinanderfolge diese immer der Nummer 1 zu, der sie an Nummer 2 weiterspielt. Achtung: Bevor sie alle Bälle losgeworfen haben, wird der erste zu Ihnen zurückkommen. Also aufpassen, dass Sie diesen nicht an den Kopf bekommen, wenn Sie sich beim ersten Mal zu sehr auf das Nachladen neuer Bälle konzentrieren. Sie werfen diesen wieder dem Teilnehmer Nummer 1 zu und laden nur nach, wenn eine Lücke entsteht – bis Sie selbst keine Bälle mehr haben. Es entstehen mehrere Ballrunden. Einige Bälle fallen zu Boden, jeder lacht, es kommt Dynamik auf. Die Gruppenenergie steigt dabei. Es wird sozusagen ein Netzwerk von »Beziehungen« sichtbar.

Dreizehn Arten des Sitzens

Teilnehmerzahl:	Beliebig.
Dauer:	1–3 Minuten.
Platzbedarf:	Überhaupt keinen.
Musikeinsatz:	Bei Bedarf klassische Musik.
Emotionalität:	Kaum.
Körperkontakte:	Keine.
Requisiten:	Keine.
Vorbereitung:	Keine.
Erklärung:	Siehe oben, gering.
Achtung:	Besser bei frei stehenden Stühlen.
Varianten:	Sie spielen Musik, am besten klassische und überlassen die Teilnehmer ganz der Musik beim Ausprobieren von Stellungen, bringen also einige Minuten keinen stofflichen Input.
Wirkung:	Entspannung, Körpergefühl, Selbstverantwortung für das Wohlergehen schaffen.
Anwendungsphase:	Besonders gut einsetzbar als eine der ersten Übungen.

Die vom SKILL-Autorenteam (2001, S. 107) propagierte Übung »Dreizehn Arten, auf einem Stuhl zu sitzen« kann als sehr vorsichtige Form eingesetzt werden, um Bewegung in das Seminar einzuführen. Die Teilnehmer sollen dabei gerade nicht aufstehen müssen.

Außerdem kann diese Übung auch verwendet werden, um den Teilnehmern selbst die Verantwortung für ihr eigenes Wohlbefinden zurückzugeben, indem sie die körperliche Wahrnehmungsfähigkeit sensibilisieren.

Mit dieser Übung können Sie auch das Blatt »Tipps für den Einsatz von Bewegungen in Seminaren« (S. 197) ausgeben, welches die Teilnehmer auffordert, von selbst aufkommende Müdigkeit durch Übungen im Sitzen zu überwinden.

»Für Ihre Konzentration und Aufmerksamkeit in diesem Seminar ist es wichtig, dass Sie einmal selbst darauf achten, welche Sitzposition Ihnen gut tut. Versuchen Sie einmal in den folgenden Minuten, 13 verschiedene Arten auszuprobieren.

Lassen Sie Ihre Aufmerksamkeit während des Zuhörens immer wieder bewusst zu Ihrem Körper wandern und stellen Sie fest, wie er sich fühlt. Wenn Sie Ihre Haltung ändern wollen, so geben Sie diesem Bedürfnis nach. Probieren Sie dabei ruhig etwas Unkonventionelles aus, etwa rittlings oder im Schneidersitz auf dem Stuhl sitzen, oder auf dem Boden vor dem Stuhl. Achten Sie auch einmal darauf, wie schnell der Aufmerksamkeitswechsel vor sich geht. Unser Gehirn hat da erstaunliche Fähigkeiten.
Kreuzen die Beine mal links, mal rechts. So, jetzt habe ich Ihnen schon fünf Möglichkeiten gesagt. Finden Sie selbst noch mehr heraus.«

Anschließend geben Sie weiter Ihren Lerninput.

Glenn Millers Stuhl

Teilnehmerzahl:	Beliebig, weil das Weitergeben der Anleitung auch entfallen kann (siehe unten).
Dauer:	Genau die 3 Minuten des Musikstücks.
Platzbedarf:	Ideal ist es, wenn um jeden Stuhl Platz zum Herumlaufen ist, doch es geht auch mit weniger.
Musikeinsatz:	Glenn Millers »In the Mood«.
Emotionalität:	Entwickelt sich.
Körperkontakte:	Keine.
Requisiten:	Der Stuhl der Teilnehmer, sonst nichts.
Vorbereitung:	Keine.
Erklärung:	Kaum, siehe unten.
Varianten:	Ich habe diese Übung auch schon bei einer größeren Tagung und beengten Raumverhältnissen ausprobiert. Dazu saß ich dann auf einem Podium und habe auf einer Overheadfolie Glenn Miller angekündigt.
Wirkung:	Viel Bewegung, Puls geht hoch. Gute Stimmung.
Anwendungsphase:	Mittendrin, auch frühzeitig einsetzbar.

Diese Übung verdanke ich Helga Pfetsch vom Skill-Team. Die Teilnehmer sitzen auf ihrem Stuhl, Sie ebenfalls. Sie haben die Fernsteuerung des Recorders in der Hand, die CD beziehungsweise MC ist eingelegt. Sie bitten die Teilnehmer, die Stühle möglichst etwas auseinander zu rücken und fahren fort:

> *»Ich glaube wir brauchen alle eine gewisse Auffrischung. Mögen Sie Jazzmusik? Kennen Sie Glenn Miller? Wissen Sie, wie diese Jazzmusiker spielen? Wir probieren es einmal zusammen aus und Sie folgen mir in den Bewegungen. ...*

Der Trainer startet die Musik ziemlich laut. Hebt die Hände, die eine imaginäre Trompete spielen, inspiriert so die Teilnehmer. Plötzlich steht er auf und spielt Posaune, fährt die Posaune ganz aus, setzt sich wieder. Die Teilnehmer machen spontan mit. So geht es weiter, die Instrumente werden variiert von Trommel bis zum Keyboard. Zwischendurch immer wieder mal mit Aufstehen.

Dann läuft der Trainer um seinen Stuhl herum, nimmt ihn auch hoch und betätigt ihn wie eine imaginäre Trompete oder Posaune. Setzt Stuhl wieder ab und läuft darum herum. Nimmt Augenkontakt mit dem Nachbar auf und sagt:

> *»Bitte ein neues Instrument einsetzen und improvisieren ...«*

Der Nachbar macht eine Aktion, der Trainer ruft:

> *»Weitergeben an den Nächsten und dann immer so weiter.«*

In der Regel läuft dann alles wie geschmiert. Die Leute stehen, laufen, tanzen. Die Musik von drei Minuten wird eventuell bei mehr als zwölf Teilnehmern nicht ganz reichen, damit jeder einmal »Vorturner« ist, aber das macht nichts.

King-Kong

Teilnehmerzahl:	Beliebig.
Dauer:	1 Minute.
Platzbedarf:	Nur zum Stehen, vor dem Stuhl.
Musikeinsatz:	Ohne.
Emotionalität:	Stark. Lässt die eigenen Ressourcen fühlen.
Körperkontakte:	Keine.
Requisiten:	Keine.
Vorbereitung:	Keine.
Erklärung:	Kaum nötig.
Wirkung:	Regt Thymusdrüse an, weitet die Brust, gibt Sauerstoff. Allgemeine Erfrischungswirkung. Motivation.
Anwendungsphase:	Auch beim Morgensport, insbesondere auch bei Übungen im Freien einsetzbar, sonst jederzeit zwischendrin.

Aus dem gleichnamigen Film ist bekannt, dass King-Kong sich auf die Brust trommelte. Insofern ist diese Übung recht einfach, aber auch ungeheuer effektiv. Es lohnt sich, diese einzuleiten mit ein paar Bemerkungen über King-Kong, beispielsweise seine Größe und Stärke, die Frau, die er liebte. Sie können an dieser Stelle auch generell etwas zum Themenkomplex Persönlichkeit und Stärken einflechten.

Der Effekt dieser Übung ist am stärksten, wenn die Fäuste dabei geballt und gleichzeitig auf die Brust geschlagen werden. Dabei ist möglichst ein Ton der Teilnehmer (auch als Tarzan-Schrei) zu produzieren. Der Trainer geht mit gutem Beispiel voran, das reicht als Anleitung.

Dirigent

Teilnehmerzahl:	Beliebig.
Dauer:	Ein klassisches Musikstück, zirka 3–5 Minuten.
Platzbedarf:	Gering.
Musikeinsatz:	Klassisches Musikstück.
Emotionalität:	Durch die Musik.
Körperkontakte:	Keine.
Requisiten:	Keine, außer dem Musikstück.
Vorbereitung:	Keine.
Erklärung:	Kaum.
Wirkung:	Spaß, Kreativität, Energieaufbau.
Anwendungsphase:	Jederzeit.

Eine ganz einfache und doch sehr wirksame Übung ist der »Dirigent«. Die meisten Menschen lieben Musik. Spielen Sie ein passendes klassisches (zum Beispiel Beethoven) oder modernes Stück an. Lassen Sie die Teilnehmer die Augen schließen, gegebenenfalls versehen Sie jeden mit einer Augenbinde.

»Stellen Sie sich nun alle vor, wie Sie dieses Stück von ... dirigieren. Sie sind selbst der berühmte Dirigent ... und haben vor sich Ihr komplettes ... Orchester. Steigern Sie sich in die Musik hinein, gehen Sie mit dem ganzen Körper mit.«

Energetisches Klatschen und Anfeuern

Teilnehmerzahl:	Beliebig.
Dauer:	Unter 3 Minuten.
Platzbedarf:	Kaum, nur zum Stehen vor dem Stuhl und für das Ausholen mit dem rechten Arm zum Ende.
Musikeinsatz:	Flott, lauter werdend. Geeignet: Coco Jamboo (Mr. President) und Robert Miles, Dreamland.
Emotionalität:	Stark.
Körperkontakte:	Keine.
Requisiten:	Keine.
Vorbereitung:	Keine.
Erklärung:	Der obige Einleitungssatz.
Varianten:	Besonders schön bei dieser Übung ist es, wenn die Teilnehmer alle im Kreis stehen und sich durch die gemeinsame Zentrierung der Fäuste dabei auch noch ein gruppendynamischer Effekt (á la drei Musketiere) ergibt. Diese Übung kann auch im Sitzen begonnen werden. Bei Wiederholungen, wenn die Übung schon bekannt ist, können Sie auch einen Teilnehmer bitten, das Klatschen anzuleiten.
Wirkung:	Insbesondere zur Motivation für Thema beziehungsweise Veranstalter. Erfrischungswirkung jedoch nur kurzzeitig durch das Klatschen. Besonderheit: gut für Firmen- und Management-Seminare geeignet.
Anwendungsphase:	Besonders gut am Ende eines Seminars zur Anfeuerung sowie Motivation zur Umsetzung, aber natürlich auch mittendrin möglich.

Vielleicht lässt sich diese Übung gerade dann durchführen, wenn die Teilnehmer ohnehin klatschen. Das wäre eine optimale Ausnutzung der Situation beziehungsweise ein wunderbarer Übergang. Der Trainer bewegt sich in eine gut sichtbare Position und braucht nur zu rufen:

> *»Folgen Sie mir mit dem Klatschen und meinen Bewegungen, am besten stehen alle dabei auf.«*

Ansonsten legt der Trainer schnelle Musik auf, klatscht in die Hände, die Teilnehmer klatschen synchron mit. Der Trainer wird immer schneller. Musik wird dabei lauter (muss Hilfskraft steuern). Er – und damit auch alle Teilnehmer – stellt sich in energetische Position, fest auf dem Boden verankert mit einem Ausfallschritt nach hinten und hört zu klatschen auf. Der Trainer summt, immer lauter werdend und führt dabei einen Ellbogen langsam nach rückwärts, holt quasi aus. Die Körperhaltung verstärkt die Spannung.

»*Eeee-hhhhhh*«

Beim Ende dieses Summtones werden die Hände nach vorne hoch geführt und ein möglichst einsilbiges, zum Seminar oder zur Firma passendes Wort (Schlachtruf) gerufen (mehrsilbiges Wort in den ersten Summton bis auf die letzte Silbe nehmen). Zum Beispiel

(Ab die) Post!	*Lernen!*	*Erfolg!*	*Ziel!*	*Wunsch!*
Mut!	*Kraft!*	*neu!*	*(Und) los!*	*Ja!*«

Der Bewegungsteil ohne Klatschen geschieht natürlich im fließenden, schnellen Übergang. Diese Übung verdanke ich Helmut Machemer, einem bekannten Verkaufstrainer aus Freiburg.

Phönix

Teilnehmerzahl:	Bei mehr als 20 entstehen später mehrere Kreise.
Dauer:	Zirka 3 Minuten, hängt etwas von Teilnehmerzahl ab.
Platzbedarf:	Wie Stehkreis.
Musikeinsatz:	Ohne oder mit.
Emotionalität:	Gruppenmotivation.
Körperkontakte:	Anfassen und hochziehen, mehrmals.
Requisiten:	Keine.
Vorbereitung:	Keine.
Erklärung:	Fast nicht nötig.
Achtung:	Schuhwerk und Bodenbeschaffenheit beachten.
Varianten:	Später kann als Utensil auch ein Seil genommen werden, oder ein Fallschirm.
Wirkung:	Gruppendynamisch sehr gut geeignet.
Anwendungsphase:	Jederzeit.

Zur Einleitung der Übung können Sie der Gruppe eine kurze Geschichte über den Vogel Phönix aus der Sage erzählen, der nicht verbrannte und sich immer wieder aus der Asche erhob. Dann kommt diese Übung allerdings schon auf die Stufe 3. Sie können diese Übung auch in einem firmeninternen Seminar anwenden, beispielsweise wenn größere Schwierigkeiten zu überwinden sind oder der Gemeinschaftsgedanke gestärkt werden soll (Stufe 4).

Es gibt drei Phasen der Übung:

- *Phase 1:* Der Trainer lässt die Teilnehmer paarweise auf den Boden setzen, und sucht sich ebenfalls einen Partner und setzt sich diesem gegenüber. Die Füße werden möglichst flach auf den Bo-den gestellt (bei Schuhen mit glatten Sohlen, diese besser ausziehen las-sen). Beide ergreifen gegenseitig die Hände und ziehen sich in einem Schwung hoch zum Stehen. Dann bittet der Trainer die übrigen Paare, die-se Übung nachzumachen.
- *Phase 2:* Anschließend wird die Übung in einer Kleingruppe zu dritt oder viert fortgesetzt.

- *Phase 3:* Danach bildet die gesamte Gruppe einen Kreis, fasst sich an den Händen und steht gemeinsam auf. Wenn es ein innerbetriebliches Seminar ist, kann der Trainer im Moment der Übung kommentieren: »*Und so überwinden wir gemeinsam unsere Schwierigkeiten,*« oder »*so erreichen wir gemeinsam das Ziel.*«

Wenn alle im Kreis am Boden sitzen können Sie auch abfragen, was für die Zielerreichung nötig ist. Dann kommen Beiträge wie: Ausdauer, Konsequenz, Gemeinsamkeit, Kommunikation. Fordern Sie die Gruppe auf, das wichtigste Wort laut zu rufen, wenn sich alle gleichzeitig mit kräftigem Zug nach links und rechts erheben. Das kann auch ein guter Seminarschluss sein!

Anmerkung: Sie können die Teilnehmer durchaus die Hände normal festhalten lassen. Die Verschrankung der Unterarme ist nur bei Platzproblemen im großen Kreis nötig. Dann müssen alle mit ausgestreckten Armen sitzen.

Samurai-Sprung

Teilnehmerzahl:	Beliebig.
Dauer:	Maximal 2 Minuten.
Platzbedarf:	Gering, aber jeder benötigt vor sich Platz für den Sprung.
Musikeinsatz:	Ohne.
Emotionalität:	Ja.
Körperkontakte:	Keine.
Requisiten:	Keine.
Vorbereitung:	Keine.
Erklärung:	Siehe unten.
Achtung:	Teilnehmer müssen schon Erfahrung mit Bewegungsübungen haben.
Varianten:	Nach dem Sprung die Hände auf das Hara-Zentrum, unterhalb des Bauchnabels. Oder die Übung »Vulkan« durchführen. Oder auch die »Lachmeditation« aus dem Tai-Chi.
Wirkung:	Auffrischer. Psychisch reinigende Wirkung, wenn vorher belastende Themen bearbeitet wurden.
Anwendungsphase:	Jederzeit, auch morgens oder am Schluss.

Diese Kurzübung besteht nur aus einem einzigen Sprung, ist aber energetisch sehr wirksam. Sie können diese wie folgt einleiten:

> *»Wir wollen uns nun wie die japanischen Samurai-Kämpfer energetisch motivieren. Stellen Sie sich bitte ganz fest hin. Ringsum soll so viel Platz sein, dass Sie zumindestens die Arme ausstrecken können, nach vorne etwas mehr. Die Füße stehen etwa zwei Fuß breit auseinander, die Zehen sind leicht nach außen gerichtet. Sie gehen locker in die Knie, haben die Arme leicht angewinkelt. Sie ballen alle Energie in sich zusammen, atmen also tief ein und machen dann mit beiden Füßen zugleich einen Satz nach vorn und lassen beim Aufkommen mit einem lauten ›Ha!‹ alle Luft und Spannung heraus.«*

Parallel zu diesen Erklärungen sollen alle die Bewegungen für die Positionierung mitmachen. Mit Ihren Armen geben Sie am Schluss das Signal für den Sprung, den alle Teilnehmer sogleich ausführen.

Vulkan

Teilnehmerzahl:	Beliebig.
Dauer:	Unter 3 Minuten.
Platzbedarf:	Für Stehkreis.
Musikeinsatz:	Anfangs ohne, gegen Ende könnte zur Unterstützung des Vulkanausbruchs eine passende Musik eingespielt und »hochgefahren« werden.
Emotionalität:	Stark.
Körperkontakte:	Keine.
Requisiten:	Keine.
Vorbereitung:	Keine.
Erklärung:	Siehe oben.
Varianten:	In die Hocke gehen und zusätzlich mit einem Sprung beim Ausbruch verbinden.
Wirkung:	Insbesondere zur Motivation für Kreativität und Gruppendynamik, Durchbruch.
Anwendungsphase:	Besonders gut zur Aktivierung nach Pausen, am Morgen und Nachmittag.

Diese Übung, die ich Sven Apenburg aus Erlangen verdanke, enthält eine Symbolik für die (gemeinsame) Freisetzung von Energie und Kreativität in Seminaren, Konferenzen oder Meetings. Sie wird wie folgt angeleitet:

> »*Stellen Sie sich bitte in einem Kreis mit dem Blick nach innen auf. Beugen Sie den Oberkörper vornüber und lassen Sie die Arme hängen. ...* (Alternativ: gehen Sie in die Hocke ...) *Stellen Sie sich nun vor, Sie seien ein Vulkan kurz vor dem Ausbruch ... Machen Sie das anfänglich noch leise Blubbern und Brodeln nach. Benutzen Sie dazu neben Ihrer Stimme ruhig auch Ihre Hände und Arme ... Jetzt schwillt das Blubbern und Brodeln langsam an und wird immer lauter und heftiger ... Dabei richten wir uns auf ... und springen bei der Explosion zum Schluss mit einem lauten Schrei in die Höhe und werfen die Arme in die Luft!*«

»Freies« Disko-Tanzen

Teilnehmerzahl:	Beliebig.
Dauer:	3 Minuten Minimum.
Platzbedarf:	Benötigt freie Fläche, wie für den Stehkreis.
Musikeinsatz:	Geht nicht ohne, verschiedene aktuelle Musikstücke.
Emotionalität:	Lockert ungemein.
Körperkontakte:	Ohne.
Requisiten:	Keine, eventuell Musikinstrumente, Schlafbrillen.
Erklärung:	Am Anfang nötig. Start gut überlegen.
Wirkung:	Lockern, Entspannung, Sauerstoff fürs Gehirn.
Anwendungsphase:	Für mittendrin, auch morgens, wenn sich alle schon kennen.

Die »angeleiteten« Bewegungsübungen, vor allem isometrischer oder gymnastischer Art haben den Nachteil, dass das individuelle Bewegungsbedürfnis unterschiedlich ist. Alles freie disco-ähnliche Tanzen wäre in Seminaren richtig, ist aber meist nicht direkt zu erreichen. Wenn das Seminar länger dauert, und die Teilnehmer schon systematische Bewegungsübungen gewohnt sind, wird es eher angenommen.

Bei manchen speziellen Seminaraufgaben im Verhaltenstraining, zum Beispiel vor Visions-Fantasiereisen ist jedoch ausgiebiges Tanzen von großem Vorteil für die innere Lockerung. Die Teilnehmer können sich auf sich selbst konzentrieren und müssen nicht speziellen Handlungsanweisungen folgen. Das sind die Möglichkeiten, die Teilnehmer zum freien Tanzen zu bringen:

- Stehkreis bilden. Teilnehmer springen von einem Fuß auf den anderen und erzeugen so selbst eine Art Trommel-Musik mit ihren Füßen. Das ist eine »Leistung«, die auch Tanzgehemmte verstehen und macht allen großen Spaß. Die Teilnehmer gehen intensiv darauf ein. Das Tempo langsam steigern, auch die Lautstärke. Dann eine passende Trommel-Musik parallel einspielen, und der Trainer als Vorbild geht zu freieren Bewegungen mit dem ganzen Körper über. Dann folgen immer mehr Teilnehmer ... Diese Übung kann natürlich auch gut eigenständig durchgeführt werden.

- Samba-Musik und ein Paar Rasseln, dazu einige flache Trommeln beziehungsweise Tamburine, die spontan den Teilnehmern in die Hand gegeben werden, wirken Wunder, das werden Sie erleben.
- Aus Partner-Bewegungsübung heraus, zum Beispiel mit der Spiegelübung: Es sollen sich Paare bilden, einer übernimmt die Führung und vollführt Bewegungsabläufe, die der andere kopiert. Dann schlägt der Trainer einen Gong und es erfolgt ein Wechsel. Zu diesen beiden Phasen spielen Sie eher langsame Musik. Dann gehen Sie plötzlich zu flotter Musik über. Automatisch werden bald alle die Synchronisation vergessen und befinden sich damit im freien Tanzen.
- Die Teilnehmer mit Tüchern Jonglieren lassen (s. Seite 98), dann mit Samba-Musik unterstützen, der Trainer fungiert als Vortänzer. Früher oder später werden die Teilnehmer die Tücher fallen lassen und intensiv mittanzen.
- Allen die Augen verbinden, Notwendigkeit der Bewegung vorher erläutern. Freies Tanzen fällt gehemmten Menschen mit verbundenen Augen leichter.
- Später, wenn die Teilnehmer es gewohnt sind, ist nur Musik und ein Wort des Trainers nötig. Dann setzt sich der natürliche Drang zur Bewegung durch.

Weitere Möglichkeiten isometrischer und gymnastischer Übungen

In jedem Aerobic-Buch finden Sie Anregungen. Natürlich gelten im Seminar andere Gesetze als in 30/60-Minuten Aerobic. Nur bei längeren Aktionen des energetischen »Durchpustens« des Kreislaufs am Morgen ist der aufbauende Ablauf von Bedeutung. Während des Tages ist es eigentlich ziemlich egal, welche der Übungen durchgeführt werden, weil nur kurzzeitige Auffrischer angestrebt werden. Dabei ist für die Anwendung im Unterricht oder Seminar jedoch die folgende Reihenfolge wichtig: Abschluss mit Ausatmen, Arme öffnen oder heben – dies ist energetisierend.

Die meisten Aerobic-Übungen, mit denen alle Gliedmaßen angeregt werden, kann man auch zu dieser Kategorie zählen: vom Stehauf-Männchen bis auf der Stelle laufen. Interessant sind dabei vor allem die Übungen mit Öffnung der Arme, die die Brust weiten und tief einatmen lassen, sowie Übungen, die den Kopf einbeziehen (der im Unterricht beziehungsweise im Seminar so sehr benötigt wird), also zum Beispiel die Haare oder die Ohren massieren.

Viele solcher Übungen können mit sehr wenig Platz für die Teilnehmer, quasi vor ihrem Stuhl und hinter ihrem Tisch, durchgeführt werden. Da sie – mangels Geschichte, siehe Typ 3 – zunächst langweilig wirken, sollte man eine solche Übung nicht zu Beginn eines Seminars einsetzen, sondern eher am Nachmittag oder am zweiten Tag.

Auch im Yoga sind eine Reihe einfacher Übungen bekannt, die man als Trainer leicht anleiten kann und die Yesudian »Leibesübungen im Zeitlupentempo« nennt (Yesudian 1999). Es finden sich darunter Übungen, die Kinder mögen und auch solche, die attraktiv für gestresste Manager sind, weil diese sofort ein inneres »Leistungsbild« vor Augen haben. Beispiele sind: Speerwerfen, Bogenschießen, Säbelfechten, Gewichtstemmen, Laufen (auf der Stelle), Holzhacken, Faustkampf, Brunnenziehen, Wasserschöpfen und sogar ein Ringkampf. Damit gehen diese Übungen auch schon über in das nächste Kapitel.

Kapitel 4
Übungen zur Gehirnstimulierung

Zum Lernen brauchen wir das Gehirn – tun wir also auch etwas dafür.

Kontextüberblick

Experten mögen mir bei der Darstellung der anschließenden Übungen aus den Bereichen Kinesiologie, Qi-Gong und Tai-Chi nachsehen, dass manche der eigentlichen Grundgedanken nicht weiter ausgeführt sind. Ich halte dies jedoch für vertretbar, wenn die Teilnehmer zumindestens erfahren, aus welchem Kontext diese Übungen stammen. Dadurch wird mancher angeregt, sich später vielleicht intensiver mit diesen Techniken zu beschäftigen und zur Förderung seiner eigenen Gesundheit ein entsprechendes Seminar zu besuchen, wie sie heute schon von jeder Volkshochschule angeboten werden.

Die nachfolgenden ersten vier Übungen sind mit freundlicher Genehmigung des Verlags für Angewandte Kinesiologie den beiden Büchern von Paul E. Dennison ([12]1999, [8]1996) entnommen. Allgemeines zur Herkunft der Brain-Gym-Übungen finden Sie auf Seite 32.

Energiegähnen (Brain-Gym)

Teilnehmerzahl:	Unbegrenzt.
Dauer:	Etwa 1 Minute, länger bei anschließender »Ja-Aktion«.
Platzbedarf:	Keinen.
Musikeinsatz:	Ohne.
Emotionalität:	Erst durch »Ja-Aktion« S. 56.
Körperkontakte:	Keine.
Requisiten:	Keine.
Vorbereitung:	Keine.
Erklärung:	Siehe unten.
Varianten:	Auch im Sitzen möglich.
Weitere Variante:	Übergang in »Ja-Aktion«.
Wirkung:	Fördert die Gehirnintegration, die Ausdrucksfähigkeit und Kreativität. Entspannt die Augen, erhöht die Sauerstoffversorgung.
Anwendungsphase:	Eher morgens, aber auch sonst jederzeit.

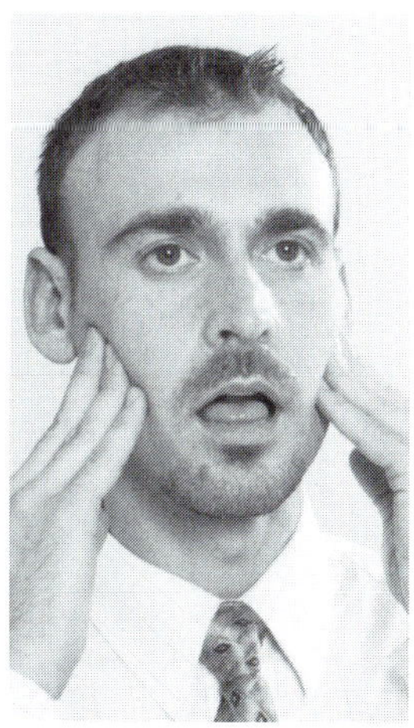

Diese Übung ist hervorragend als morgendliche Bewegungsübung geeignet und lässt sich auch mit der »Ja-Aktion« gut kombinieren. Sie ist sowohl im Stehen als auch im Sitzen gut einsetzbar.

> »*Wir wollen jetzt alle einmal intensiv unsere Müdigkeit »ausgähnen«. Ganz laut gähnen wir zusammen. ...* (Selbst intensiv gähnen und den ganzen Körper wohlig strecken.) *Dabei drücken wir mit den Fingerspitzen beider Hände auf alle Stellen, die sich angespannt anfühlen, und zwar in dem Bereich der Wangen, die über den hinteren Backenzähnen liegen, entlang der vom Ober- zum Unterkiefer verlaufenden Kaumuskulatur. Geben Sie dabei weiter einen tiefen und entspannten Gähnton von sich, während Sie alle Verspannungen wegstreichen. Wir wiederholen das zumindestens dreimal.*«

Gehirnpunkte (Brain-Gym)

Teilnehmerzahl:	Unbegrenzt (dann ohne Kontrolle).
Dauer:	Nur 1 Minute, beziehungsweise nach Belieben.
Platzbedarf:	Keinen.
Musikeinsatz:	Je nach Wunsch mit oder ohne.
Emotionalität:	Keine.
Körperkontakte:	Keine.
Requisiten:	Keine.
Vorbereitung:	Keine.
Erklärung:	Siehe Text unten.
Varianten:	Kann auch im Sitzen durchgeführt werden (wird nur schwieriger wegen der zweiten Hand auf dem Bauchnabel).
Wirkung:	Anregung der Halsschlagadern, verbesserte Sauerstoffversorgung des Gehirns, allgemeine Stärkung der Links-Rechts-Integration.
Anwendungsphase:	Jederzeit.

Dies ist eine gute Übung zur Förderung nicht nur der Augenfähigkeiten, sondern allgemein zur Integration der rechten und linken Gehirnhälften. Die nachfolgend beschriebenen Punkte entsprechen den Akupunkturpunkten Nummer 27.

»Ich lade euch ein zu einer kleinen Übung ohne jegliche Anstrengung, die die Integration der beiden Gehirnhälften verbessert. Am besten führen wir diese Übung im Stehen durch. Eine Hand legen wir auf den Bauchnabel, mit der anderen suchen wir die so genannten Gehirnpunkte. Diese liegen unterhalb des Schlüsselbeins, zirka zwei bis drei Zentimeter rechts und links vom Brustbein. Dort finden Sie zwei leichte Vertiefungen. Wir legen den Daumen auf die eine Vertiefung, den Zeige- und Mittelfinger derselben Hand auf die andere Vertiefung. Nun rubbeln wir beide Punkte leicht, massieren diese also.
Mit dem Blick wandern wir dabei seitwärts hin und her, von rechts nach links und zurück … immer über die Mittellinie hinweg.
Gegebenenfalls wechseln wir dabei die Hände einmal zwischen Bauchnabel und Gehirnpunkten.«

Knapp eine Minute leicht massieren. Der Trainer sollte dies vormachen und während die Teilnehmer ihn imitieren, geht er durch die Reihen und zeigt dabei aus der Nähe, wo sich die Massagepunkte befinden.

Diese Übung wird bei den thematischen Formen des Kapitels 6 und 7 oft als Baustein verwendet.

Denkmütze (Brain-Gym)

Teilnehmerzahl:	Unbegrenzt.
Dauer:	Etwa 1 Minute.
Platzbedarf:	Keinen besonderen.
Musikeinsatz:	Nicht nötig.
Emotionalität:	Keine.
Körperkontakte:	Keine.
Requisiten:	Keine.
Vorbereitung:	Keine.
Erklärung:	Siehe unten.
Variante:	Kann auch im Sitzen durchgeführt werden.
Wirkung:	Erhöht das Hörvermögen, verbessert das Kurzzeitgedächtnis und das abstrakte Denken. Macht auch das eigene Sprechen melodischer. Diese Übung ist besonders im Sprachunterricht zu empfehlen. Sie sollte durchgeführt werden, bevor ein Tonband in der Fremdsprache vorgespielt wird oder bevor der Trainer etwas besonders Wichtiges sagt.
Anwendungsphase:	Jederzeit.

Im Original heißt diese Übung bei Paul Dennison »thinking cap« und könnte auch »Denkerkappe« (analog zur unsichtbar machenden Tarnkappe) übersetzt werden.

> *»Ich lade euch ein zu einer ganz einfachen Übung, mit der wir das Zuhören, das Kurzzeitgedächtnis und das abstrakte Denken verbessern können. Hierzu ziehen Sie die Ohren mit Daumen und Zeigefinger sanft nach hinten und falten sie aus. Reiben Sie die Ohrmuscheln sanft von oben nach unten und massieren Sie diese dabei vorne und hinten gleichzeitig.«*

Der Trainer führt dies parallel zum Gesagten bei sich selbst durch und geht gegebenenfalls durch die Reihen der Teilnehmer, um die korrekte Ausführung zu kontrollieren.

Die Übung sollte mindestens dreimal wiederholt werden. Zur Motivation spricht der Trainer während des Herumgehens beziehungsweise Vormachens weiter:

> *»Diese Übung hilft uns, Ablenkungen auszublenden und auf die Bedeutung des Gehörten einzustellen.«*

Wenn Sie die Teilnehmer allgemeine Körperübungen machen lassen, beispielsweise Abklopfen des Körpers, zwischendurch Aufstehen, so ist zu empfehlen, die Denkmütze immer dabei zu integrieren.

Überkreuzbewegung (Brain-Gym)

Teilnehmerzahl:	Unbegrenzt.
Dauer:	1–2 Minuten reichen.
Platzbedarf:	Schlecht bei ganz engen Stuhlreihen, weil Beine gehoben werden müssen.
Musikeinsatz:	Zum Beispiel von Whitney Houston »My name is not Susan«. Gut ist auch »Rondo Veneziano« (Mozart in gegebenenfalls modernen Adaptionen).
Emotionalität:	Kaum.
Körperkontakte:	Keine.
Requisiten:	Keine.
Vorbereitung:	Keine.
Erklärung:	Keine nötig, nur Vormachen.
Varianten:	Beim ersten Mal nur die Hand das Knie berühren lassen, wirkt gemütlicher. Dann steigern: Ellenbogen mehr und mehr runternehmen und schneller werden, gegebenenfalls dazu die Musik lauter stellen. Die Übung kann auch im Sitzen durchgeführt werden. Insgesamt gibt es sehr viele Varianten.
Wirkung:	Gehirn und Körper werden simultan aktiviert. Zuhören, Lesen, Schreiben und Erinnern werden verbessert. Kreislauf kommt in Schwung.
Anwendungsphase:	Jederzeit, auch am Anfang oder Ende.

Es handelt sich dabei um eine Überkreuzbewegung, weil jeweils ein Bein und ein Arm über Kreuz gleichzeitig aktiviert werden. Dies fördert besonders die Integration von rechtem und linkem Gehirn. Zusätzlich wird der gesamte Kreislauf stimuliert, was bei den vorangegangenen Kinesiologie-Übungen etwas kurz kommt.

> »*Ich lade euch zu einer Übung ein, die das Gehirn in allen Funktionen besser integriert und zugleich den Kreislauf anregt. ...* (Flotte Musik einschalten, dazu auf der Stelle »marschieren«.) *Linkes Knie heben, dazu die rechte Hand auf den linken Oberschenkel legen. Dann rechtes Knie heben und die linke Hand auf den rechten Oberschenkel legen.* (Später den rechten Ellenbogen fast das linke Knie berühren lassen und umgekehrt.«)

Diese Übung benötigt eigentlich keine Erklärungen und hat eine schnelle und gute Wirkung.

Es passen alle topaktuellen schnellen Musikstücke dazu. Wenn Sie als Trainer geübter darin sind, können Sie statt der Berührung Hand-Bein vor dem Körper dies auch hinter dem Körper machen. Das verstärkt den Spaß für alle.

Bei der Dauer der Übung richten Sie sich nach dem Ermüdungsgrad der Teilnehmer.

Vorbemerkung Tai-Chi und Qi-Gong

Die chinesische energetische Therapie hat folgende Grundsätze (Hackl 1994):

- Die Bewegungen sind äußerst langsam.
- Die Atmung bleibt natürlich.
- Die Übungen werden ohne Anstrengung ausgeführt.
- Die Teilnehmer sollen nach Aufforderung durch den Trainer hinterher die Übung im Körper nachspüren.

Für Ungeübte ist es wichtig, dass der Trainer Ruhe ausstrahlt. Dazu gehört auch die Einhaltung des gegebenenfalls dargestellten Atemrhythmus.

Beiden Techniken gemeinsam ist die Grundstellung: Die Füße stehen parallel (wie beim Skifahren), beckenbreit auseinander. Oberkörper und Kopf werden senkrecht gehalten, als hätte man den Kopf an einem Faden am Himmel aufgehängt.

Die nachfolgend beschriebenen Übungen sind im Original keine reinen Formen, sondern eher Teilelemente eines fließenden Prozesses, dies gilt besonders beim Tai-Chi. Auch ist es zum Beispiel beim traditionellen Tai-Chi-Chuan undenkbar, Musik einzusetzen. Für den Einsatz in Unterricht und Seminaren möchte ich dies jedoch ausgesprochen empfehlen.

In der Praxis werden Sie die Übungen selten genau so durchführen. Das macht aber nichts.

Grundübung (Qi-Gong)

Teilnehmerzahl:	Beliebig.
Dauer:	Einige Minuten.
Platzbedarf:	Besser im Stehkreis, damit sich alle sehen können.
Musikeinsatz:	Mit oder ohne.
Emotionalität:	Etwas durch den Abschluss.
Körperkontakte:	Keine.
Requisiten:	Keine.
Vorbereitung:	Keine.
Erklärung:	Beim Mitmachen.
Wirkung:	Energieaufbau, etwas Motivation.
Anwendungsphase:	Jederzeit.

Die auf der vorhergehenden Seite beschriebene Grundstellung einnehmen. Den linken Arm von der Schulter aus innen mit der rechten Hand entlangklopfen, dann außen zurück. Anschließend auf die Schulter, den Nacken und den Kopf von hinten aus nach oben bis auf die Stirn klopfen. Die Übung auf der anderen Seite ebenso durchführen.

Dann mit beiden Händen von der Nierengegend aus, über den Po, die Beine außen parallel runterklopfen. Anschließend klopfen die Hände die Beine innen von unten nach oben, bis auf die Brust hochführen.

Im Anschluss daran diagonal mit dem rechten Arm auf die linke Brust klopfen, dann seitlich zum Boden runterführen; gleichzeitig die gleiche Bewegung mit dem linken Arm ausführen. Vom Boden aus dann mit beiden Armen gleichzeitig die Beine innen von unten hoch bis auf Brust klopfen, die Fäuste einmal auf die Brust schlagen, Arme dann hochreißen.

Den Bogen spannen (Qi-Gong)

Teilnehmerzahl:	Beliebig.
Dauer:	Wenige Minuten.
Platzbedarf:	Speziell zur Seite hin. Sieht im Stehkreis gut aus.
Musikeinsatz:	Gegebenenfalls langsame Musik.
Emotionalität:	Gering.
Körperkontakte:	Keine.
Requisiten:	Keine.
Vorbereitung:	Keine:
Erklärung:	Bei der Übung einfach gleich mitmachen lassen.
Varianten:	Lässt sich gut mit Ziel-Imaginationen verbinden.
Wirkung:	Energieaufbau und Konzentration.
Anwendungsphase:	Jederzeit.

»Den Bogen spannen und auf den Tiger zielen«, symbolisiert einen Kampf. Sie leiten die Übung wie folgt an und lassen die Teilnehmer gleich mitmachen:

»Ich lade Sie nun zu der Qi-Gong-Übung ›Bogenschießen‹ ein. Hierzu nehmen wir zunächst die Grundstellung ein und stellen die Füße dabei beckenbreit auseinander. Dann ziehen wir viermal die Füße auseinander, erst die Fußspitzen um 90 Grad, dann die Fersen ... Der Abstand ist nun breiter und praktisch auf das Doppelte gestiegen. Nun verschränken wir die Arme vor der Brust, den linken Arm dabei nach innen. Dabei atmen wir langsam ein und langsam aus.«

Den Satz mit diesem Atemzug ganz langsam aussprechen. Und auch die folgenden Sätze nur langsam mit dem Atem sprechen.

»Und nun stellen wir uns vor, dass wir einen Bogen ergreifen, mit der linken Hand den Bogengriff, mit der rechten die Sehne. Wir zielen nach links und atmen dazu wieder ganz langsam ein, ziehen die Sehne mit rechts an und strecken den Bogen mit links.
Wir halten die Luft an und zielen dabei weiter nach links.

Dann atmen wir ganz langsam aus und nehmen die Arme zurück, verschränken sie wieder vor der Brust, sodass der rechte Arm jetzt innen ist. Einen kleinen Moment verharren wir so.
Und dann nehmen wir den Bogengriff mit der rechten Hand und ziehen die Sehne mit der linken Hand. Atmen ein und strecken die rechte Hand, zielen über die rechte Hand nach rechts.
Wir halten die Luft an und zielen dabei weiter nach rechts.
Dann atmen wir ganz langsam aus und nehmen die Arme zurück, verschränken sie wieder vor der Brust, sodass der linke Arm jetzt innen ist. Einen kleinen Moment verharren wir so.«

Dann die Übung wieder zur linken Seite hin ansagen, wieder in der Mitte verharren und nochmal zur rechten Seite hin zielen.

Den Sack wegschieben (Qi-Gong)

Teilnehmerzahl:	Beliebig.
Dauer:	1 Minute.
Platzbedarf:	Stehkreis.
Musikeinsatz:	Gegebenenfalls langsame Musik.
Emotionalität:	Kaum.
Körperkontakte:	Keine.
Requisiten:	Keine.
Vorbereitung:	Keine.
Erklärung:	Ohne. Nur das Atmen ansagen.
Varianten:	Schön ist bei dieser Übung, wenn die Teilnehmer alle im Kreis stehen und sich durch die gemeinsame Zentrierung der Hände dabei auch noch ein gruppendynamischer Effekt ergibt. Eine weitere Variante können Sie als Karate-Übung ankündigen. Dabei stoßen Sie nur mit einem Arm und einer Hand zur Seite.
Wirkung:	Energieaufbau, geistige Frische, Konzentration.
Anwendungsphase:	Jederzeit.

Es handelt sich nach der Grundstellung um drei Bewegungsabläufe:

- Grundstellung der Füße wie bei der vorangegangenen Übung.
- Ausfallschritt nach vorne, Gleichgewicht auf beiden Füßen halten.
- Sack wegschieben, also entsprechende Armbewegung. Dabei einatmen.
- Oberkörper in die Normalstellung zurücknehmen, dabei auch die Arme zurücknehmen, ausatmen.

Das Ganze mindestens dreimal durchführen. Wichtig ist dabei, die innere Zentrierung zu beachten.

Grundstellung (Tai-Chi)

Grundstellung (S. 84) einnehmen. Eventuell die Teilnehmer leicht hüpfen lassen, damit sie den Boden besser spüren. Die Teilnehmer sollen sich den Boden neben den Fußballen als »sprudelnder Quell« vorstellen. Dies ist ein mentales Bild. Zur Verstärkung können die Teilnehmer eventuell mit den Ballen auf dem Boden reiben.

Beim Stehen sollen die Teilnehmer mit den Knien elastisch sein. Diese sind leicht gebeugt, als sitze man auf einem Kissen. Der Körper und speziell der Kopf sind aufgerichtet, die Wirbelsäule gerade. Der Trainer sagt dazu vielleicht noch einmal:

> *»Stelle dir vor, ein vom Himmel herabhängender seidener Faden ist an deinem Scheitel befestigt und hält Dich aufrecht.«* (Huang 1994)

Neben dieser Grundstellung ist beim Tai-Chi zu beachten, dass immer zu Beginn einer Übung die Sequenz »Wecken des Chi« von Bedeutung ist. Der Schluss wird immer vom Übungsteil: »Tiger umarmen und Rückkehr zum Berg« gebildet. Aus didaktischen Gründen werden diese in den nachfolgenden Beispielen jeweils nochmals abgedruckt. Beim ersten Mal sollte der Trainer diese natürlich zunächst getrennt von den Teilnehmern üben. Nur bei der Lach-Meditation (s. S. 94) sind Beginn und Ende anders.

Das mehrfach angesprochene »Dantien« entspricht dem Hara-Zentrum des Yoga und befindet sich zwei fingerbreit unterhalb des Bauchnabels.

Himmel und Erde verbinden (Tai-Chi)

Teilnehmerzahl:	Beliebig.
Dauer:	3 Minuten.
Platzbedarf:	Etwas, gegebenenfalls Stehkreis.
Musikeinsatz:	Nach Geschmack.
Emotionalität:	Etwas.
Körperkontakte:	Keine.
Requisiten:	Keine.
Vorbereitung:	Keine.
Erklärung:	Siehe unten.
Wirkung:	Energieaufbau, Geistige Frische, Motivation.
Anwendungsphase:	Jederzeit.

Grundstellung einnehmen.

Wecken des Chi

- Hände mit den Handflächen nach unten locker wie auf Polstern hochschweben lassen, bis zur Höhe der Schultern (auf keinen Fall höher!) »*Die Hände ziehen Energie hoch, dabei einatmen*«.
- Dann Hände nach unten gehen lassen »*und ausatmen*«.
- Dies wird mehrmals als Fluss gemacht, die Hände beschreiben dabei praktisch einen Kreis.

Himmel und Erde verbinden

- Mit den Händen vor dem Becken beginnend Schöpfbewegungen machen, sie dabei zusammenführen. Über den Kopf hinaus nach oben führen. Dabei einatmen.
- Die Bewegung symbolisiert die Aufnahme von Energie aus der Erde, die im Körper nach oben geleitet wird. Man kann sich als inneres Bild nun vorstellen, dass eine Fontäne aus dem Kopf entspringt.
- Mit dem Ausatmen die Hände zum Kelch ausbreiten und innerlich vorstellen, Energie vom Himmel zu empfangen und im Dantien (zwei fingerbreit unterhalb des Bauchnabels) zu speichern. Hände absinken lassen.

Tiger umarmen und Rückkehr zum Berg

- Die Hände schöpfen Energie vor dem Becken, werden über Kreuz vor die Augen geführt. Der Trainer spricht dazu (Text kann variiert werden): *»Schau dem Tiger in die Augen. Dies symbolisiert deine eigene positive Kraft, deine Stärken, deine Ressourcen und auch deine Unvollkommenheiten, deine Nicht-Stärken. Es sind vielleicht auch deine Krallen. Nimm dich an, so wie du bist, beides gehört zu dir.«*
- Dann die Hände lösen, sie mit den Handflächen nach unten sinken lassen. Fester Stand in der Grundposition. Nun mit mehr Energie als am Anfang. *»Nun schaust du vom Berg runter auf all' die Kleinigkeiten des Lebens, auf deinen Stress, auf deine Sorgen. Atme tief, fühle deine Energie und deine Kraft.«*

Der mittlere Teil wird dabei mehrfach wiederholt.

Feuer und Wasser (Tai-Chi)

Teilnehmerzahl:	Beliebig.
Dauer:	3 Minuten.
Platzbedarf:	Etwas.
Musikeinsatz:	Sowohl langsame Entspannungsmusik als auch flotte Musik bis zum Flamenco ist geeignet.
Emotionalität:	Spürbar, auch durch die Musik.
Körperkontakte:	Keine.
Requisiten:	Keine.
Vorbereitung:	Keine.
Erklärung:	Siehe oben.
Wirkung:	Energieaufbau, geistige Frische, Motivation.
Anwendungsphase:	Jederzeit.

Grundstellung einnehmen.

Wecken des Chi

- Hände mit den Handflächen nach unten locker wie auf Polstern hochschweben lassen, bis zur Höhe der Schultern »*Die Hände ziehen Energie hoch*«, dabei einatmen.
- Dann Hände nach unten gehen lassen »*und ausatmen*«.
- Dies wird mehrmals als Fluss gemacht, die Hände beschreiben dabei praktisch einen Kreis.

Feuer und Wasser (Huang 1994, S. 58)

- Energie und Kraft, vielleicht nur einfach ein gutes Gefühl im Dantien/Hara-Zentrum (zwei fingerbreit unterhalb des Bauchnabels) visualisieren. Hände darauf legen und nun diese Kraft gegebenenfalls mit symbolischen Bewegungen zum Feuer auflodern lassen. Gewicht auf ein Bein verlagern, das andere heranziehen, Energie sammeln. Dann den herangezogenen Fuß mit kräftigem Ausfallschritt nach vorne setzen, was die Aussendung der Energie symbolisiert. Nun die Feuerkraft tief aus dem Bauch (Arme streichen zunächst etwas nach unten über die Hüften) durch die Arme und Hände nach oben fließen lassen. Der Trainer sagt dazu beim ersten Mal »*Feuer ist Geben*«. Das Gewicht bleibt dabei auf beiden Beinen zentriert, die Knie locker. Innerliche Vorstellung: Zur Flamme werden.

- Die Arme steigen über den Kopf. Und nun die Energie von dort – einem Wasserfall gleich – wieder am gesamten Körper herunterfließen lassen. Die Arme und Hände folgen diesem Wasserfall über Kopf, Gesicht, Hals, Schultern, Körper und Hüften mit einem symbolischen Streichen. Der Trainer spricht dabei beim ersten Mal: »*Wasser ist Empfangen*«.
- Dann sofort wieder mit dem Feuer beginnen, dabei die Seiten für den Ausfallschritt wechseln.
- Diesen Ablauf mehrfach wiederholen.
- Am Ende Zeit nehmen, diese Lebenskraft am Körper zu spüren und wirken zu lassen. Dann wieder im Hara-Zentrum (Dantien) sammeln.

Tiger umarmen und Rückkehr zum Berg

- Die Hände schöpfen Energie vor dem Becken, werden über Kreuz vor die Augen geführt. Der Trainer spricht dazu (Text kann variiert werden):
  »Schau dem Tiger in die Augen. Eine Hand symbolisiert deine eigene positive Kraft, deine Stärken, deine Ressourcen. Die andere Hand stellt deine Unvollkommenheiten, deine Nicht-Stärken dar. Es sind vielleicht auch deine Krallen. Nimm dich an, so wie du bist, beides gehört zu dir.«
- Dann die Hände lösen, sinken mit den Handflächen nach unten. Fester Stand in der Grundposition. Nun mit mehr Energie als am Anfang.
  »Nun schaust du vom Berg runter auf all' die Kleinigkeiten des Lebens, auf deinen Stress, auf deine Sorgen. Atme tief, fühle deine Energie und deine Kraft.«

Hier noch eine Anmerkung zur Atmung, die Huang nicht speziell vorschreibt: Es soll natürlich geatmet werden. Wenn man richtig im Fluss ist, so erfolgt die Einatmung beim Sammeln der Energie, beim Ausfallschritt. Während das Wasser herunterfließt, wird ausgeatmet.

Lach-Meditation (Tai-Chi)

Teilnehmerzahl:	Beliebig.
Dauer:	2 Minuten.
Platzbedarf:	Größer.
Musikeinsatz:	Eher langsame Musik, nach Ihren eigenen Vorlieben.
Emotionalität:	Lustig.
Körperkontakte:	Keine.
Requisiten:	Keine.
Vorbereitung:	Keine.
Erklärung:	Vormachen, siehe oben.
Varianten:	Schritt nach vorne oder ohne Schritt nach hinten und ohne Sprung, einfach auf der Stelle stehen bleiben.
Wirkung:	Schneller Energieaufbau, auch gut als Abschluss geeignet. Stimmung verbessern .
Anwendungsphase:	Jederzeit, gut geeignet zum Abschluss.

Grundstellung einnehmen.

Energie vor dem Becken schöpfen, Hände nach oben nehmen, über den Kopf hinaus. Dabei einen Ton wie Gähnen produzieren: »*Aah!!*« (Bild 1) Ganz tief aus dem Dantien kommen lassen, dann in der inneren Visualisierung über Herz und Hals nach oben gehen (aus dem Scheitel herausgehen). Innerlich alles loslassen. Hände anschließend vor der Brust auf dem Körper kreuzen, symbolisch in sich gehen.

Einen Fuß nach hinten stellen, dieser nimmt 75 Prozent des Gewichts auf. Hände zur Seite öffnen (quer zur Fußstellung). Ton »*Ooh*!« mit Staunen produzieren, dabei mit Umfeld und Menschen Augenkontakt aufnehmen, umherschauen. Arme schweben locker waagerecht, fließen im freudigen Tanz, gehen beim Umschauen auch mit. Schultern sind ganz locker (Bild 2 auf der nächsten Seite).

Sprung des hinteren Fußes nach vorne in die Grundstellung, dabei beide Hände auf Hara-Zentrum (Dantien) mehrfach schlagen. Lauter Schrei »*Hah*« mit einem tiefen Lachen aus dem Bauch (wie Samurai-Bild S. 70).

Übung mehrfach fließend hintereinander durchführen, dabei immer den Fuß wechseln. Ich verdanke diese Übung Frau Regina Lipp, die im Chiemgau Tai-Chi-Tanz-Meditationen lehrt.

Mit ganz vereinfachtem Bewegungsablauf setze ich diese Übung gerne zum Abschluss eines Workshops oder einer Tagung ein. Ich kommentiere dann entsprechend (Stufe 4) im Ablauf der Übung die drei Phasen

- Konzentration auf das Thema,
- neues Wissen aufgenommen, neue Menschen kennengelernt,
- jetzt kommt das Umsetzen, der Transfer, das Handeln!

Beginn mit Händereiben (7 Stufen)

Teilnehmerzahl:	Unbegrenzt.
Dauer:	1–2 Minuten.
Platzbedarf:	Keinen, geht auch in engen Stuhlreihen.
Musikeinsatz:	Ohne.
Emotionalität:	Etwas.
Körperkontakte:	Keine.
Requisiten:	Keine
Vorbereitung:	Keine.
Erklärung:	Sofort mitmachen möglich.
Varianten:	Lässt sich verlängern oder abkürzen, je nach Situation. Kann im Sitzen begonnen werden. Kann auch auf die Phasen im Sitzen abgekürzt werden.
Wirkung:	Erfrischung, Aufmerksamkeit für anschließendes Zuhören erhöhen.
Anwendungsphase:	Gut geeignet für jeglichen Einstieg, sonst jederzeit.

Alle Teilnehmer sitzen. Der Trainer bittet ohne weitere Anleitung um das Mitmachen.

1. Stufe: Die Handflächen reiben, bis Wärme entsteht. *»Schön, wie es warm wird.«*

2. Stufe Die Wärme auf das Gesicht übertragen, erst auf die Augenlider, dann die Stirn, die Wangen, die Nase, Ober- und Unterlippen, das Kinn. *»Diese Wärme übertragen Sie nun auf das Gesicht.«*

3. Stufe Kopf und Haare massieren. *»Nun massieren Sie Ihr Gehirn, wenn die Frisur heute gerade zu schön ist, massieren Sie nur Ihren ›Heiligenschein‹ über dem Kopf.«*

4. Stufe Ohren massieren. *»Wie lange hat Ihnen niemand mehr die Ohren lang gezogen? Das tun Sie heute selbst. Das bringt frisches Blut in die Ohren und Sie können beim folgenden Vortrag besser zuhören.«*

5. Stufe *»Und nun die Herren mit dem rechten Arm auf die linke Schulter und den Nacken, die Damen mit dem linken Arm auf die rechte Schulter und den Nacken. Wie lange hat Ihnen niemand mehr anerkennend auf*

die Schulter geklopft? Das tun Sie mal heute reichlich selbst. Nun wechseln Sie: Die Herren mit dem linken Arm auf die rechte Schulter. Die Damen mit dem rechten Arm auf die linke Schulter. (Massieren und klopfen lassen. Dann nochmals kommentieren.) *Ich sage das extra verschieden an für Damen und Herren, das bringt mehr Spaß.«* (Sie ernten manche Lacher.)

6. Stufe »*Und nun legen wir die linke Hand auf den Bauchnabel – stehen dabei wohl besser auf – und legen Daumen und Zeigefinger der rechten Hand auf die so genannten Gehirnknöpfe, unterhalb des Schlüsselbeins. Hier massieren wir.«*

7. Stufe »*Und wenn wir einmal stehen, so geben wir uns selbst noch eine liebevolle Ganzkörpermassage. Mit beiden Händen gleichzeitig klopfen wir, oben angefangen, seitlich die Beine hinunter, bücken uns dabei, bis wir unten ankommen. Dann geht es an der Innenseite der Beine wieder nach oben. Auseinander bevor es gefährlich wird, dann über den Bauch, die Brust – King-Kong hat das auch gemacht – und sind ganz frisch und entspannt wieder da bei diesem Seminar ...«.*

Diese Übung integriert kinesiologische Elemente (unter anderem die Denkmütze und die Gehirnknöpfe) und ist schon fast in eine Geschichte eingepackt. Besonders elegant ist, dass sie im Sitzen beginnt und dann erst nach bereits erfolgter Aktivierung der Teilnehmer diese zum Aufstehen aufgefordert werden. Insofern eignet sie sich auch zum Einstieg.

Ich verdanke diese Übung Dr. Franz-Theo Gottwald von der Schweißfurt-Stiftung, der sie bei seinen Vorträgen oft benutzt. Er hat sie aus dem »stillen Qi-Gong« abgeleitet.

Jonglieren

Teilnehmerzahl:	Beliebig, begrenzt durch die verfügbaren Tücher.
Dauer:	5 Minuten reichen schon.
Platzbedarf:	Eine freie Fläche.
Musikeinsatz:	Südamerikanische Musik passt gut dazu, zum Beispiel Ritmo de Janeiro und darin besonders gut: Coco Jamboo (Mr. President) und auch »un-dos-tres« vom Text her.
Emotionalität:	Entsteht durch das Erfolgserlebnis.
Körperkontakte:	Keine.
Requisiten:	Bezugsquellen für Tücher finden Sie im Anhang.
Vorbereitung:	Platz schaffen, Tücher bereitstellen.
Erklärung:	Erläutern und vormachen.
Wirkung:	Energieaufbau, Spaß und Gehirnintegration.
Anwendungsphase:	Mittendrin.

Jonglieren mit Tüchern kann man in wenigen Minuten lernen. Mit Bällen dauert es weit länger. Daher sind Tücher für den Einsatz in Seminaren besonders gut geeignet. 50 Prozent der Teilnehmer lernen es in den ersten fünf Minuten, die übrigen in weiteren fünf Minuten bis auf ganz wenige Ausnahmen.

Legen Sie die Tücher schon vor Unterrichts-/Seminarbeginn dekorativ um einen Blumenstrauß im Stuhlkreis herum. Sie werden sehen, die Teilnehmer warten dann förmlich darauf, dass diese eingesetzt werden.

Jonglieren ist eine äußerst effektive Methode zur Gehirnintegration, gehört also nach meiner Einteilung zum Typ 2 der Bewegungsübungen. Es ist zugleich auch eine Metapher und stärkt das Lernselbstbewusstsein der Teilnehmer. Michael Gelb und Tony Buzan haben diesem Thema ein ganzes Buch (1996) gewidmet.

Ich will Ihnen das Jonglieren mit Tüchern kurz darstellen. Der gesprochene Text gibt genau das wieder, was Sie physisch vorführen.

- **Erste Phase:** *»Nehmen Sie nur ein Tuch. Können Sie bis zwei zählen? Mit einem Tuch, bei eins werfen, bei zwei mit der anderen Hand fangen.«*

Zunächst so vorführen, anschließend die Teilnehmer nachmachen lassen.

- **Zweite Phase:** »*Jetzt zählen wir nicht bis drei, sondern gleich bis vier. Können Sie das? Nehmen Sie ein zweites Tuch in die andere Hand und wir zählen bis vier.*
  Wir werfen mit verschiedenen Händen die Tücher nacheinander in die Luft bei eins und zwei, bei drei fängt eine Hand auf, bei vier die andere.«

So können Sie mehrere Zyklen vorführen und dann wieder die Teilnehmer nachmachen lassen.

- **Dritte Phase:** »*Sie denken, dass nun weitergezählt wird? – Nein, es reicht, wenn Sie bis vier zählen können, denn damit können Sie schon jonglieren. Ein zusammengeknülltes Tuch in einer Hand halten, dazu locker ein zweites Tuch in zwei freie Finger nehmen. Das dritte in der anderen Hand platzieren. Beginnen Sie mit der Hand mit den zwei Tüchern. Und nur bis vier zählen!*«

So zwei- bis dreimal den Zyklus vorführen. Dann die Teilnehmer auffordern, mitzumachen, in diesem Moment die Musik per Fernsteuerung laut zuschalten.

Kapitel 5

Stimmungsbeeinflussende Übungen mit Geschichten

Stellen wir uns nun vor, dass wir Obst pflücken ... und greifen nach oben.

Bewegung im Kontext

Bewegungsübungen sind besonders leicht einzuführen, wenn sie in eine Geschichte eingebunden sind. Diese Geschichten machen zum Teil einfach nur Spaß im Bewegungsablauf. Zum Teil gelingt es aber auch in der Abfolge einer Geschichte, körperlich aufbauende gymnastische oder gehirnstimulierende Bewegungen einzubauen, wie zum Beispiel beim »Abenteuer auf dem Speicher«.

Wenn man das Prinzip kennt, kann man selbst passende Handlungen und die Geschichten dazu erfinden. Ideen finden Sie in dem Büchlein von R. Portmann und E. Schneider, die auch Singen empfehlen.

Diese Verpackung von Bewegungsabläufen in eine Geschichte wird besonders in der Suggestopädie praktiziert (S. 36).

Dabei ist es besonders elegant, wenn die Einleitung der Geschichte einen guten Übergang ermöglicht. Da müssen Sie eventuell improvisieren, zum Beispiel mit der Frage nach Italien (für Siena-Pferderennen, s. S. 104) oder nach Unerledigtem (Abenteuer auf dem Speicher, S. 106). Ein Blick auf die Sonne draußen kann Sie zu einer Überleitung für einen Spaziergang (S. 122) im Seminar- oder Klassenraum inspirieren.

Vorstellungsrunde: Namensecho

Teilnehmerzahl:	Bei bis zu 30 Teilnehmern habe ich es ausprobiert, dann wird es wohl zu lang.
Dauer:	5–20 Minuten, hängt von der Teilnehmerzahl ab, steigt rapide an.
Platzbedarf:	Alle müssen in einem Kreis stehen und sich sehen.
Musikeinsatz:	Ohne.
Emotionalität:	Durch die Gags.
Körperkontakte:	Keine.
Requisiten:	Keine.
Vorbereitung:	Keine.
Erklärung:	Geht schnell.
Varianten:	Geht auch ohne kinäthetischen Anker. Von Vorteil ist es, die Bewegungsform mit dem gleichen Buchstaben des eigenen Namens zu beginnen (»Ich bin der Rudi, ich renne gerne.«)
Wirkung:	Energieaufbau, Stimmung und das Kennenlernen, also auch gruppendynamisch.
Anwendungsphase:	In der Anfangsphase eines Seminars. Bei mehrtägigen Seminaren auch als Energieaufbau am zweiten Vormittag gut einsetzbar, weil zugleich die Namen geübt werden und sich mehr Gruppendynamik entwickelt.

Diese Übung ist zugleich eine gute Kennenlernaktion. Dabei geht es darum, den eigenen Namen zu sagen, und mit einem »kinästhetischen« Erinnerungsanker zu verbinden.

Alle stehen in der Runde. Der Erste sagt seinen Namen und führt »seine« Bewegung vor, alle machen mit und sprechen den Namen nach. Dann stellt sich der Zweite mit Namen und Bewegung vor. Die ganze Runde wiederholt nun den ersten und den zweiten Namen und führt die Bewegung aus. Dann kommt der Dritte und stellt sich vor. Die ganze Runde wiederholt von Anfang an. Das macht sehr viel Spaß und gibt allen ein großes Erfolgserlebnis: Nämlich das Behalten der Namen. (Beispiel: *»Ich bin der Rudolf, ich jogge gerne«* – dazu auf der Stelle laufen.)

Pferderennen von Siena

Teilnehmerzahl:	Mindestens 10, maximal 50.
Dauer:	2–4 Minuten.
Platzbedarf:	Für den notwendigen Kreis aller Teilnehmer, möglichst ohne Stühle und Tische dazwischen.
Musikeinsatz:	Ohne.
Emotionalität:	Stark.
Körperkontakte:	An den Schultern, nicht mit den Händen.
Requisiten:	Keine, gegebenenfalls für alle Teilnehmer eine Jockey-Mütze spontan verteilen.
Vorbereitung:	Keine.
Erklärung:	Nur die Einleitung, dann spontanes Mitmachen.
Achtung:	Wegen des notwendigen engen Körperkontaktes nicht mit unbekannten Teilnehmern zu Beginn einsetzen.
Varianten:	Sie können diese Grundübung mit allen Hindernissen so viel variieren wie es Ihnen passt.
Wirkung:	Starker Energieaufbau, hohe Pulszahl, Lachen, auch Gruppendynamik.
Anwendungsphase:	Sehr gut für den Nachmittag, wenn alle abschlaffen.

Bei dieser beliebten Übung fordert der Trainer die Teilnehmer auf, auf einen freien Platz zu kommen und sich im Kreis aufzustellen. Durch die kleine Geschichte von Siena ist die Einführung besonders elegant.

»Wer war schon in der Toskana? – Wer kennt dort Siena, diesen malerischen Ort? Da gibt es in der Ortsmitte einen Platz, an dem Sie sich im Café oder im Restaurant niederlassen können. – Stellen Sie sich einmal vor, dies hier ist der Platz – rücken Sie alle noch näher zusammen. Es ist ein kleiner Platz!

Alle Teilnehmer müssen sich so dicht an den Schultern berühren, dass keiner mehr umfallen kann.

Auf diesem Platz findet zweimal im Jahr ein Pferderennen statt. Die Patrizierfamilien sponsern diese Rennen und brauchen einen guten Jockey für ihre Pferde. Sie sind nun dieser Jockey und gleichzeitig das Rassepferd und wollen

für Ihre Familie das Rennen gewinnen. – Wir gehen in die Knie, gleich beginnt das Rennen ... Los ...

Sie schlagen mit Ihren Händen rhythmisch auf die Oberschenkel, alle Teilnehmer machen dies ebenfalls. Dies simuliert das Reiten.

Sie reiten nun los. Jetzt kommt das erste Hindernis ...

Aus dem Stand mit beiden Füßen gleichzeitig in die Höhe springen und hüpfen = Sprung. – Sie erhöhen dann das Tempo, schlagen also schneller auf die Oberschenkel.

Jetzt kommt der Wassergraben. Sprung. Da kommt ein Doppelhindernis.

Zwei Sprünge hintereinander.

Nun kommt die erste Linkskurve.

Sie legen sich nach links, da alle fest stehen, fällt keiner um, es ergibt sich jedoch ein Überraschungseffekt, viele lachen.

Sie reiten nun an der Tribüne Ihrer Familie vorbei und winken.

Sie winken mit der rechten Hand, schlagen mit der linken weiter auf den Oberschenkel, nehmen dann die Hand zurück und schlagen wieder mit beiden Händen gleichzeitig.

Jetzt kommt der Feuergraben. Sprung. Und noch ein Hindernis. Sprung. Nun kommt die zweite Linkskurve.

Wieder winken, wie zuvor erläutert.

Achtung, hier ist eine Mauer zu überspringen. Sprung. Und jetzt kommt wieder ein Doppelhindernis. ...

Zwei Sprünge hintereinander.

Sie gehen nun in den Endspurt ...

Noch mehr beschleunigen. Am Schluss: Arme hochreißen.

... und jeder gewinnt etwas, jeder kommt zum Erfolg!«

Abenteuer auf dem Speicher

Teilnehmerzahl:	Unbegrenzt.
Dauer:	Bis zu 3 Minuten.
Platzbedarf:	Für ausgestreckte Hände links und rechts, vorne und hinten.
Musikeinsatz:	Ganz flott.
Emotionalität:	Etwas.
Körperkontakte:	Keine.
Requisiten:	Keine.
Vorbereitung:	Keine.
Erklärung:	Kann gleich mitgemacht werden.
Varianten:	Kann gemäß Repertoire erweitert werden.
Wirkung:	Aufbauende Übung für Energie und Frische, Motivation.
Anwendungsphase:	Geht am Morgen gut, oder zu Beginn eines Seminars, sonst jederzeit.

Diese Übung führe ich gerne am Morgen durch, sie erfordert kein abstraktes Denkvermögen und baut nach Aerobic-Grundsätzen systematisch auf.

> *»Wissen Sie alle, was ein Speicher ist? Ja … dann wollen wir jetzt mal alle zusammen auf den Dachboden unseres Hauses gehen und dort etwas stöbern. …*

Flotte Musik einschalten.

> *Da gibt es zunächst eine kleine Treppe oder Leiter, die gehen wir nun hoch …*

Im Stehen kräftig marschieren lassen.

> *Oben sind einige Regale mit allem möglichen Zeugs aufgebaut. Darunter und daneben liegen auch noch Sachen. Wir stochern mit den Füßen darin herum. Erst mit dem rechten Fuß,*

Gelenk kreisen lassen.

> *dann mit den linken Fuß.*

Gelenk kreisen lassen.

Da stehen ja noch unsere Ski. Wir freuen uns auf die nächste Saison und sehen uns schon innerlich die Piste hinabsausen. Spontan machen wir dazu die passenden Bewegungen ...

In die Knie gehen, dazu springen.

Und da entdecken wir einen alten Hula-Hoop-Reifen. Wir sind so gelockert, dass wir diesen wieder spontan ausprobieren ...

Bauch kreisen lassen.

Zwischen den Regalen hängen einige Spinnen und wir sind nun darin verwickelt. Davon müssen wir uns erst einmal befreien – und lassen unsere Arme in den Schultergelenken kreisen. ...

Arme kreisen in den Schultern.

Im Regal entdecken wir eine alte mechanische Schreibmaschine. Natürlich müssen wir die mit allen Fingern ausprobieren – ist das nicht auch eine Wohltat für unsere Fingergelenke? ...

Finger tippen imaginär intensiv.

Und da liegen am Boden noch einige alte Bücher. Wir bücken uns und heben sie hoch. Was sind das für interessante Titel: ...

Fügen Sie an dieser Stelle eigene Einfälle ein.

Wir blättern darin und finden plötzlich das Buch ... (Seminarthema), *das sollten wir doch schon längst gelesen haben. Vor Schreck lassen wir alle Bücher fallen und raufen uns die Haare. ...*

Haare raufen und Kopf massieren.

Aber wir haben im letzten Seminar eine Übung gelernt, wie wir wieder ins seelische Gleichgewicht kommen: Wir malen mit dem ganzen rechten Arm eine große liegende Acht in den Raum.

Die Acht in die Luft malen.

So können wir gestärkt von unserem kleinen Ausflug auf den Dachboden wieder hierher zurückkommen.«

Der Text basiert auf der »Gelenkmassage« (Wagner 1995, S. 64), wurde jedoch von mir zu einer durchgängigen Handlung erweitert.

Löwenjagd

Teilnehmerzahl:	Unbegrenzt.
Dauer:	Bis zu 5 Minuten.
Platzbedarf:	Etwas für die Bewegungen und das gemeinsame Gehen, am besten im Stehkreis.
Musikeinsatz:	Ohne.
Emotionalität:	Spannung.
Körperkontakte:	Keine.
Requisiten:	Keine.
Vorbereitung:	Keine.
Erklärung:	Spontanes Mitmachen.
Variante:	Bei Erwachsenen eventuell zum Schluss doch schießen.
Wirkung:	Energieaufbau und Stimmung.
Zielgruppe:	Besonders geeignet für kleine Kinder, die vor allem die Schlusssituation voll auskosten!
Anwendungsphase:	Jederzeit.

»Haribo macht Kinder froh und Erwachsene ebenso.« Das gilt auch für eine Jagd auf Löwen.

> *»Wir wollen alle zusammen auf die Löwenjagd gehen. Wir schultern das Gewehr und gürten auch ein langes Messer, unsere Machete, mit der wir uns den Weg im Urwald freischlagen können …*

Entsprechende Bewegungen machen.

> *Wir gehen los. Zunächst kommen wir einmal über eine große Wiese mit langen hohen Gräsern …*

Mit den Fingern reiben, dadurch entsprechendes Geräusch simulieren. Immer wieder eine Hand als Schirm vor die Stirn halten und so Ausschau halten.

> *Wo ist ein Löwe? – Nun kommen wir durch einen Sumpf …*

Finger in den Mund stecken und schmatzende Geräusche machen. Immer wieder eine Hand wie einen Schirm vor die Stirn halten und Ausschau halten.

Jetzt gehen wir über eine Brücke …

Ganz fest aufstampfen, dass Geräusche zu hören sind.

Nun müssen wir uns durch das Gebüsch arbeiten und benutzen unsere Machete …

Machete ziehen und um sich schlagen. Immer wieder eine Hand als Schirm vor die Stirn halten und Ausschau halten.

Jetzt kommt eine große Sandwüste. …

So gehen, als ob die Füße immer in Sand versinken. Immer wieder eine Hand als Schirm vor die Stirn halten und Ausschau halten.

Plötzlich hören wir einen Löwen brüllen …

Gegebenenfalls mit Fernsteuerung entsprechendes Gebrüll starten, ganz laut.

Oh Schreck. Wir laufen lieber wieder zurück. Wir sind noch in der Sandwüste …

Ganz schnell durch Sand waten.

Jetzt müssen wir wieder durch das Gebüsch …

Mit der Machete schnell um sich schlagen.

Da ist schon die Brücke. Wir rennen, weil wir den Löwen hinter uns hören …

Rennend laut stampfen.

Nun geht es ganz schnell durch den Sumpf …

Finger in den Mund nehmen und schmatzen.

Und da ist schon die Wiese mit dem hohen Gras, wir werden immer schneller …

Mit den Händen reiben.

Und nun schnell ins Haus hinein. …

Tür öffnen und zuschlagen.

(Laut rufen) *Gerettet!*«

Dazu eine entsprechende Bewegung machen, beispielsweise eine Hand aufs Herz legen.

Fotosafari

Teilnehmerzahl:	Unbegrenzt.
Dauer:	Bis zu 5 Minuten.
Platzbedarf:	Sitzkreis auf Boden.
Musikeinsatz:	Ohne.
Emotionalität:	Spannung, schöne Geschichte ausgeschmückt.
Körperkontakte:	Keine.
Requisiten:	Keine.
Vorbereitung:	Keine.
Erklärung:	Spontanes Mitmachen beim Erzählen.
Variante:	Kann auch im Sitzen auf dem Stuhl durchgeführt werden.
Wirkung:	Etwas Energieaufbau, mehr auf die Stimmung.
Zielgruppe:	Besonders geeignet für Kinder, die vor allem die Schlusssituation voll auskosten!
Anwendungsphase:	Jederzeit.

Von Susanne Vollmer-Mesz aus Erding habe ich eine Geschichte bekommen, die der vorherigen etwas ähnelt. Aber vielleicht ist dies gerade eine gute Möglichkeit zu lernen, wie Sie eine Geschichte für Ihren eigenen Bedarf weiterentwickeln können. Orientieren Sie sich dabei doch an Ihrem Hobby oder an Ihren Teilnehmern. Schön ist hier die Spannung im erzählerischen Teil. Es wird dabei gerade nicht versucht, jeden Satz in eine Bewegung umzumünzen.

»Einst wollte ein Tourist auf Fotosafari nach Afrika gehen. Er hatte sich eine neue Kamera gekauft, mit allen Schikanen. Ein wenig schwer war sie schon, wie sie da um seinen Hals hing, aber er wollte ja auch ganz tolle Fotos von einem Löwen nach Hause bringen. Auch seine sonstige Ausrüstung ließ nichts zu wünschen übrig. Khaki-Anzug, Tropenhelm, das richtige Schuhwerk und einen Rucksack mit Wasser und Proviant – auch ein wenig schwer, aber wer weiß, wie lange er warten muss, bis er zum ›Schuss‹ kommt. Also gut, gestiefelt und gespornt verabschiedet er sich von seinem Fahrer, der ihn zum Jagdgebiet gebracht hat und hier an dieser Stelle auf seine Rückkehr warten soll. Er marschiert durch die Savanne los.

Rhythmisch auf die Schenkel klatschen.

Vielleicht ein wenig schneller, dann kommt er schneller ans Ziel.

Schnelleres Klatschen.

Nach einer Weile erreicht er ein Gebiet mit Steppengras, das er durchqueren muss.

Mit Fingernägeln abwechselnd auf dem rechten und linken Schenkel vom Knie zum Körper ziehen.

Anschließend muss er übermannshohes Schilfgras, vorsichtig durchstreifen.

Händereiben wie beim Händewaschen – oder mit beiden Händen das Gras nach links und rechts wegschaufeln.

Danach folgt wieder eine Strecke Savanne.

Klatschen wie oben.

Nun kann er in einiger Entfernung einen Graben erkennen. Durch das Fernglas sieht er, dass der Graben zwar tief, aber schmal ist. Er beschließt, darüber zu springen. Er nimmt also Anlauf (schnelleres Klatschen) *und springt dann.*

Hände hoch und verharren, dann beide Hände mit einem lauten Klatsch auf die Schenkel fallen lassen.

Anschließend marschiert er weiter. Nach einer Weile erreicht er eine Holzbrücke, die über ein ausgetrocknetes Flussbett führt.

Mit den Fäusten ryhthmisch auf die Brust trommeln.

Auf der anderen Seite angekommen tut er noch einige Schritte, da sieht er sich unverhofft am Ziel seiner Reise. Majestätisch erscheint plötzlich der König der Tiere, der Löwe. Jetzt geht alles blitzschnell – der Jäger sieht den Löwen, der Löwe sieht den Jäger – dem Jäger wird mulmig, er macht kehrt und rennt so schnell er kann zurück – über die Holzbrücke, über die Savanne, springt über den Graben, wieder durch die Savanne, durch das hohe Schilf, durch das Steppengras, über die Savanne und mit einem Sprung ins wartende Auto und knallt die Autotür zu.«

Einmal laut in die Hände klatschen. Beim Zurücklaufen alle Geräusche wieder machen, aber schneller und natürlich in umgekehrter Reihenfolge. Beim Erzählen der Geschichte kann noch mehr über das Aussehen und die Ausrüstung des Fototouristen oder auch über das heiße Wetter eingeflochten werden.

Reise nach Afrika

Teilnehmerzahl:	Beliebig.
Dauer:	Zirka 3 Minuten.
Platzbedarf:	Etwas Platz vor dem Stuhl.
Musikeinsatz:	Gegebenenfalls im Hintergrund.
Emotionalität:	Etwas.
Körperkontakte:	Keine.
Requisiten:	Keine.
Vorbereitung:	Keine.
Erklärung:	Spontanes Mitmachen.
Wirkung:	Energieaufbau, Spaß.
Anwendungsphase:	Jederzeit, auch gut am Anfang.

Die Reise ist eine gute Bewegungsübung, die man sowohl bei ungeübten Teilnehmern als auch in besonders großer Runde einsetzen kann, weil sie im Sitzen beginnt.

> *»Bevor ich jetzt anfange zu gähnen, weil der Sauerstoffgehalt sinkt und wir schon eine ganze Weile hier konzentriert arbeiten* (lernen, diskutieren, unterhalten)*, möchte ich das Fenster öffnen und Sie bitten, das auch in Ihrer Nähe zu machen. Dann möchte ich Sie zu einer kleinen Reise nach Afrika einladen.*

Der Trainer beginnt im Sitzen die Beine abwechselnd zu heben und zu senken.

> *Wir gehen Richtung Afrika und nähern uns Gibraltar. Die Sonne brennt heiß vom Himmel, wir gehen immer weiter Richtung Strand. In der Ferne sehen wir nun Afrika. Wir gehen ins Wasser, bis wir nicht mehr stehen können und beginnen zu schwimmen.*

Der Trainer macht im Sitzen mit den Armen Schwimmbewegungen.

> *Am anderen Ufer finden wir Sumpfgras vor.*

Mit weit ausholenden Bewegungen wird das Sumpfgras aus dem Weg geräumt, es wird immer weiter mit den Füßen gegangen, immer noch sitzen alle.

Es gibt Moskitos, wir gehen, die Sonne brennt– da kommt ein Löwe! Nix wie weg.

Alle springen auf und rennen auf der Stelle.

Da, eine Palme.

Mit Kletterbewegungen der Arme und Beine wird ein Emporklettern gezeigt. Oben hält sich der Trainer mit den Beinen und mit einer Hand fest, nimmt die andere Hand über die Augen als Schutzschild vor der Sonne, schaut sich im Kreis um und ruft laut.

Oh wie schön ist Afrika!«

Nun wieder runterklettern, weiter, weiter zurück bis ans Meer und zurückschwimmen. – Oder mit dem Blick von der Palme aufhören.

Großer Regen

Teilnehmerzahl:	Beliebig.
Dauer:	Einige Minuten.
Platzbedarf:	Am Tisch sitzend.
Musikeinsatz:	Ohne.
Emotionalität:	Entwickelt sich.
Körperkontakte:	Keine.
Requisiten:	Tisch.
Vorbereitung:	Keine.
Erklärung:	Keine.
Varianten:	Wenn die Gruppe geübt ist, kann dieser Regen in seinen verschiedenen Formen auch simultan stattfinden. Der Trainer teilt verschiedene Gruppen im Raum ein und steuert die Einsätze wie ein Dirigent einen Kanon.
Wirkung:	Erfrischt etwas, Stimmung.
Anwendungsphase:	Jederzeit.

Diese Übung für eine große Personenzahl wird im Sitzen an Tischen durchgeführt. Sie sprechen dabei nur den Einleitungssatz und das Schluss»wort«, es kommt mehr auf das Vormachen an. Durch das gemeinsame Agieren aller Teilnehmer entsteht etwas Neues.

> *»Bitte machen Sie doch einfach alle meine Bewegungen nach und lassen wir uns von dem überraschen, was dabei entsteht …«*

- Daumen aneinander reiben (leiser Wind),
- Handflächen aneinander reiben (Wind wird stärker),
- abwechselnd mit den Fingern schnipsen (die ersten – schweren – Tropfen fallen),
- mit beiden Zeigefingern abwechselnd und langsam lauter und schneller werdend auf die Tischkante klopfen (der Regen setzt nun voll ein),
- mit den Handflächen fester, lauter und schneller auf die Tischkante klopfen (der Regen wird noch stärker),

- auf dem Höhepunkt mit beiden Händen auf die Tischkante schlagen und gleichzeitig mit den Füßen trampeln (ein tropisches Gewitter ergießt sich über den Teilnehmern und hat starke Wirkung auf alle).

Und dann geht es in der umgekehrten Reihenfolge rückwärts, bis das Daumenreiben immer leiser und langsamer wird und der Regenmacher, nämlich Sie, die Hände sinken läßt.

»*Ahhh!*«

Sie stoßen als Trainer laut diesen Seufzer aus, und die Teilnehmer folgen der spontanen Lautäußerung.

Afrikanischer Elefant

Teilnehmerzahl:	Beliebig.
Dauer:	5 Minuten.
Platzbedarf:	Für die Paare.
Musikeinsatz:	Höchstens ganz leise.
Emotionalität:	Stark.
Berührung Teilnehmer:	Unmittelbar.
Requisiten:	Keine.
Vorbereitung:	Keine.
Erklärung:	Unmittelbar mit dem Mitmachen.
Achtung:	Übung ist wegen des nahen Körperkontaktes nicht zu Beginn bei einer unbekannten Gruppe anzuraten. Gerade bei dieser Übung ist es wichtig, anschließend das Feedback der Teilnehmer zu erfragen.
Wirkung:	Starker Energieaufbau, Stimmung, Gruppendynamik.
Anwendungsphase:	Besonders gut geeignet am Ende des Nachmittags, wenn die Teilnehmer abschlaffen.

Die Teilnehmer auffordern, Paare zu bilden, bei der beide Partner möglichst die gleiche Größe und Konstitution haben. Einer der Partner beginnt als A, der andere als B. Dann Wechsel für den zweiten Durchgang. Der Trainer beginnt als B, benötigt also ebenfalls einen Partner. Bei gerader Teilnehmerzahl bildet er ein »Dreierteam«, hat also noch ein Hilfs-B zur Verfügung.

Alle A stellen sich mit gestreckten Beinen hin, lassen den Oberkörper und auch den Kopf frei baumeln, die Hände bilden sozusagen zwei Rüssel.

»Es ist ganz wichtig, den Kopf während der gesamten Übung nach unten hängen zu lassen. Also bitte nicht aufschauen. Der Elefant steht in einem afrikanischen Urwald, er ist ganz entspannt und gelassen. Nichts kann ihn erschüttern. Und nun kommt ein Urwald-Platzregen …

B klopft mit beiden Händen A heftig auf dem Rücken, den Seiten und den Armen und Beinen.

Nun kommt der Wind.

Hier nicht mehr klopfen, dafür kräftig reiben und streichen, wie beim Abstriegeln eines Pferdes, praktisch massieren.

Nun kommt die Sonne. Sie steht über dem Urwald und trocknet alles.

Mit großen Strichen über den Rücken, die Beine und Arme streichen, auch etwas über den Kopf.

Jetzt kommt die afrikanische Wüstenmaus.

Mit beiden Händen die Finger parallel ein Bein hochwandern lassen, über den Rücken zu einem Ohr.

Hallo, ich bin die Wüstenmaus, und wer bist du, Dicker? Heißt du Jumbo?

Zum anderen Ohr hinüberwandern und nochmal fragen.

Wie geht es dir, Jumbo? Du sprichst nicht viel, eigentlich bist du mir zu groß. Also wandere ich weiter.

Wieder mit den Fingern über den Rücken und das andere Bein runterwandern.

Und nun kommt der Mensch.

Möglichst dicht direkt hinter A stellen, möglichst auf Körperkontakt, mit beiden Händen auf die linke und rechte Schulter packen.

Die Elefanten lassen den Kopf weiterhin unten, keine Kraft aufwenden, um mitzugehen, gänzlich ziehen lassen –

Und ganz, ganz langsam hochziehen (unteres Bild).

und macht aus dem Elefanten auch einen Menschen …

A steht gerade und atmet langsam aus und ein.

der das Menschsein voll genießen kann.«

Der Wüstenmausteil ist ganz wichtig für den Spaß dabei. Hier können Sie den Text ruhig variieren. Gegebenenfalls eine Seminarfachfrage stellen, das ist besonders lustig. Beim zweiten Durchgang ist der Trainer selbst A und lässt seinen B laut die Kommandos geben. Er souffliert dabei leise. Am Schluss der Übung ist darauf zu achten, dass B sich so dicht an A heranstellt, dass er dessen Körper mit seiner Kraft hochzieht. A darf dabei nicht helfen, sondern muss die Bewegungen geschehen lassen. Überhaupt ist es wichtig zu betonen, dass A während der ganzen Übung nicht den Kopf hebt, sondern ihn stets hängen lässt.

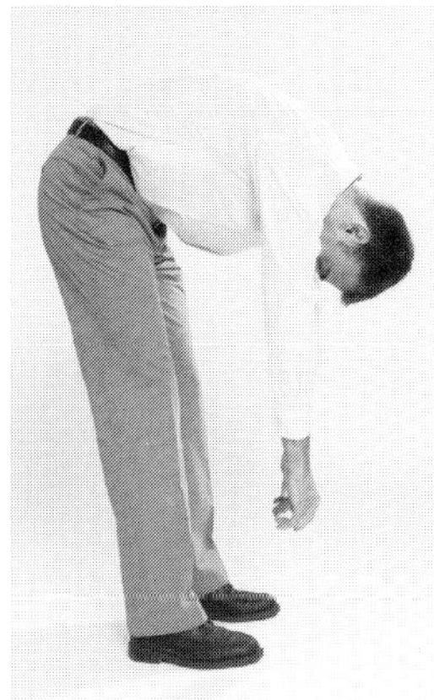

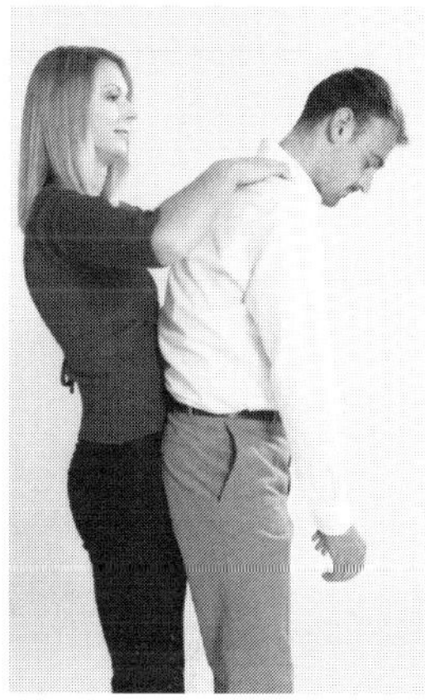

Rendezvous

Teilnehmerzahl:	Beliebig.
Dauer:	5 Minuten.
Platzbedarf:	Ziemlich viel.
Musikeinsatz:	Nach Geschmack.
Emotionalität:	Stark durch Thematik.
Körperkontakte:	Keine.
Requisiten:	Keine.
Vorbereitung:	Keine, gegebenenfalls Platz schaffen.
Erklärung:	Gleich parallel zum Sprechen mitmachen lassen.
Varianten:	Nach Fantasie des Trainers.
Wirkung:	Energieaufbau, Stimmung, Motivation, Vertrauen.
Anwendungsphase:	Jederzeit mittendrin.

Die nachfolgende Übung verdanke ich Claudia Feichtenberger aus Graz, die sie für die Zielgruppe Jugendliche entwickelt hat.

> *»Stell dir vor, dass du in einer Stunde eine Verabredung mit einem Mädchen/einem jungen Mann hast. Da du gerade intensiv für die Schule gearbeitet hast, ruhst du dich ein bisschen aus und nickst ein.*

Auf den Boden legen und tief durchatmen.

> *Plötzlich fährst du auf* (aufspringen) *und gehst schnell ins Bad, um dich fertig zumachen* (einige schnelle Schritte). *Du wäschst dir mit kaltem Wasser den Schlaf aus den Augen* (mit beiden Händen viel Wasser auf Gesicht bringen und Augen auswaschen), *erfrischst auch Hals und Nacken* (Bewegung ausführen), *kämmst dich* (mit allen zehn Fingern mehrmals durch die Haare streichen) ...

Wenn du männlich bist:

> *Du rasierst dich* (Handflächen, Hals nicht vergessen) *und trägst Aftershave auf* (Gesicht und Hals mit den Handflächen leicht abklopfen) ...

Wenn du weiblich bist:

> *Du beginnst, dich zu schminken: Make-up auftragen* (Bewegung ausführen, Hals nicht vergessen), *mit dem Stift die Augenbrauen schminken* (mit dem Zeigefinger die Brauen nachfahren), *Lidschatten auftragen* (Zeigefinger), *Wimpern tuschen* (oben und unten, mit dem Mittelfinger), *Rouge* (Fingerkuppen) *und Lippenstift* (kleiner Finger) *auftragen. Duft links und rechts unterm Ohr aufsprühen* (Fingerkuppen) ...
> *Du wechselst deine Kleidung.*

Entsprechende Bewegungen ausführen und dabei übertreiben, in alle Richtungen recken und strecken, nach oben, nach unten, nach links und rechts, bücken, um die Schuhe und Strümpfe aus- und anzuziehen.

> *Zum Schluss schlüpfst du noch in einen Mantel oder eine Jacke* (Bewegung ausführen) ... *Nun geht es los! Ein flüchtiger Blick auf die Uhr sagt dir, dass Eile angesagt ist. Die Treppe gehst du doppelt so schnell hinunter wie normal* (viele kleine Schritte), *zum Bus rennst du* (viele lange Schritte im Raum herum). *Da er dir gerade vor der Nase davonfährt, winkst du ein Taxi herbei* (mit beiden Armen große Winkbewegungen machen.). *Endlich im Taxi, lehnst du dich erschöpft zurück und atmest erst einmal tief durch* (hinsetzen und ein paar mal tief ein- und ausatmen.). *Du schaust auf die Uhr und stellst erstaunt fest, dass du ja noch genug Zeit hast – anscheinend warst du so aufgeregt wegen dem Rendezvous, dass du dich verschaut hast. So steigst du schon etwas vor dem verabredeten Ort aus dem Taxi – ist auch billiger*

Die Teilnehmer erheben sich langsam und machen zwei Schritte auf die Seite.

> *und gehst die letzten Schritte zu Fuß* (normal gehen.). *Von weitem erblickst du deine Freundin/deinen Freund und ...«*

Die Teilnehmer sollen nun einen eigenen Schluss erfinden und die dazu passenden Bewegungen ausführen.

Pizza backen

Teilnehmerzahl:	Beliebig, muss nur ausreichend Platz für Stehkreis sein.
Dauer:	Zirka 5 Minuten.
Platzbedarf:	Freie Fläche für Stehkreis.
Musikeinsatz:	Mit oder ohne möglich.
Emotionalität:	Sorgt für Gelächter, durch gustatorisches Ansprechen der Sinne, durch das Anfassen.
Körperkontakte:	Mit Anfassen Arme und Schultern.
Requisiten:	Keine.
Vorbereitung:	Keine.
Erklärung:	Vorher nicht nötig, erfolgt mit der Aktion.
Wirkung:	Körperliche Frische, Gruppendynamik, Zusammengehörigkeitsgefühl, Stimmung. Entspannt Rücken- und Schultermuskulatur.
Anwendungsphase:	Jederzeit, außer am Anfang (wegen der Berührung), besonders gut am Nachmittag.

Hier noch eine lustige Übung aus unserem eigenen Kulturkreis, die ich meiner DGSL-Kollegin Brigitte Calenge verdanke.

> *»Wer mag gerne Pizza essen? ... Dann wollen wir mal gemeinsam dafür sorgen, dass wir bald eine gute Pizza bekommen. Vielleicht steht ihr alle mal auf und wir bilden einen Kreis und fassen uns zunächst an den Händen ...*

Kreis bilden

> *Nun lassen wir die Hände los, jeder möchte sicher seine eigene Pizza backen. Wir machen einen Schritt in die Kreismitte, drehen uns nach rechts. Jeder hat jetzt einen wunderschönen Teig vor sich* (Rücken). *Wir stellen uns mit den Füßen parallel, schulterbreit hin, lassen die Knie weich werden und beginnen diesen Teig zu kneten.*

Schulter und ganzer Rücken.

> *Wir verteilen mit der flachen Hand Olivenöl auf dem Blech* (Ganzer Rücken.) *schneiden Tomaten in Scheiben ...*

Mit den Handkanten auf den Schultern.

verteilen die Scheiben auf dem ganzen Blech ...

Sanfter Druck mit den flachen Händen.

drücken vorsichtig einige Oliven in den Teig hinein ...

Die Finger zusammenbringen, sodass eine größere Druckfläche entsteht, sonst Kitzelgefahr!

verteilen noch das Oregano-Gewürz ...

Mit den Fingerkuppen streicheln.

und zum Schluss ganz viel Käse.

Kreismassage auf dem ganzen Rücken mit der flachen Hand.

Jetzt packen wir unsere Pizza und schieben sie in den Ofen.«

Leichten Druck an den Oberarmen nach vorne ausüben, sodass sich die ganze Gruppe einige Schritte vorwärts bewegt. Dann zum Stillstand bringen.

Spaziergang

Teilnehmerzahl:	Unbegrenzt.
Dauer:	Bis zu 5 Minuten.
Platzbedarf:	Etwas zum Gehen.
Musikeinsatz:	Viola 5, Nr. 1 zum Beispiel.
Emotionalität:	Durch die Übungen und Trainereinfälle.
Körperkontakte:	Keine, könnten aber eingebaut werden, zum Beispiel eine Begrüßung.
Requisiten:	Keine.
Vorbereitung:	Keine.
Erklärung:	Während des Mitmachens wird erläutert, was passiert.
Varianten:	In den Bausteinen. Sie können auch im Sitzen beginnen mit einem lauten Gähnen und dann erst später aufstehen. Die Teilnehmer können bei einer Wiederholung der Übung selbst Ideen einbringen.
Wirkung:	Energieaufbau, Spaß, Motivation, sogar mit Kennenlernen und Fachbezug möglich.
Anwendungsphase:	Geht auch zu Beginn eines Seminars, sonst jederzeit.

Diese Übung können Sie gut nach Ihren eigenen Vorlieben variieren, gegebenenfalls auch schon seminar- oder unterrichtsthematisch gestalten.

»Wir wollen alle zusammen einen schönen Spaziergang machen …«

Flotte Musik einschalten, auf der Stelle gehen.

Nun bauen Sie zwischen der Simulation des Spaziergangs folgende Stationen ein: Zwischenspurt einlegen, dann Blumen pflücken, Obst vom Baum klauen (dabei hochspringen), Insekten verscheuchen, auf den Boden oder auf eine Bank setzen, gegebenenfalls auch einmal stolpern, vor Freude hüpfen, weil uns … einfällt (seminar-/unterrichtsspezifische Ideen einflechten, zum Beispiel Konjugationen beim Sprachen lernen, eine Matheregel, Marketingweisheiten), Regen und vieles mehr.

Toller Hirsch

Teilnehmerzahl:	Beliebig.
Dauer:	2–3 Minuten.
Platzbedarf:	Etwas mehr, wegen des Sprunges am Ende.
Musikeinsatz:	Ohne.
Emotionalität:	Etwas.
Körperkontakte:	Keine.
Requisiten:	Keine.
Vorbereitung:	Keine.
Erklärung:	Mit dem Vorsprechen.
Varianten:	Bei Managern lautet der letzte Spruch »Dann kommen wir zum Erfolg!« Überhaupt kann dieser Schlusssatz je nach Teilnehmerkreis und Seminar variiert werden.
Wirkung:	Schneller Energieaufbau.
Anwendungsphase:	Nicht am Beginn, eher am Schluss (weil Begeisterungsenergien freigesetzt werden) einsetzen.

Alle aufstehen lassen.

»Bitte sprechen Sie mir nach mit der entsprechenden Bewegung.

Linken Arm waagerecht ausstrecken, mit rechter Hand von außen nach innen streichen.

Der Mensch braucht ...

Lippen schürzen, beide Hände nebeneinander zum Mund führen und wie eine Zange öffnen und schließen.

täglich Vitamine ... (Arme über der Brust kreuzen und verneigen) *und für seine Seele ...* (Hände streichen über die Wangen) *ganz viel Streicheleinheiten ...*

Fakultativ: Rechte Hand klopft auf linke Schulter und Nacken.

und viel Lob und Anerkennung ... (Wiederholen mit linker Hand.) *Und wenn das alles so klappt ...* (Nun in die Hocke gehen.) *dann bin ich ein toller Hirsch!«* (Hochspringen.)

Samurai- und Ritter-Spiel

Teilnehmerzahl:	Beliebig. Wenn die Gruppe größer als 20 ist, müssen mehr Gruppen in gerader Anzahl gebildet werden, die jeweils nicht größer als 10 Personen sind. Es ist dann wie ein Turnier und jeweils zwei Gruppen kämpfen miteinander. Es empfiehlt sich dann, auf einem großen Flipchart die Punktzahl festzuhalten.
Dauer:	Zirka 5 Minuten.
Platzbedarf:	Freie Fläche, wegen der Gruppenbildung
Musikeinsatz:	Ohne.
Emotionalität:	Stark, wegen der Übung und der Töne.
Körperkontakte:	Keine.
Requisiten:	Keine.
Vorbereitung:	Keine.
Erklärung:	Kurz, siehe oben, gegebenenfalls Regeln auf einem Flipchart aufschreiben.
Wirkung:	Entspannung, Motivation, Selbstvertrauen, Frische, Gruppendynamik, Stimmung.
Anwendungsphase:	Jederzeit, die Gruppe sollte sich aber schon kennen. Die Übung lässt sich auch gut in Teamentwicklungsseminaren einsetzen. Die Gruppe kann dann später reflektieren, wie die Entscheidungsfindung abgelaufen ist.

Samurai-Spiel

Und hier nun gegen Ende eines anstrengenden Seminartags eine Übung, in der zwei Gruppen gegeneinander antreten. Es handelt sich um eine Variation des bekannten Knobelspiels (Stein, Schere, Papier) in japanischer oder mittelalterlicher Form, die folgendermaßen eingeleitet wird.

> *»Diese beiden Gruppen spielen gegeneinander nach den alten chinesischen Regeln aus der Oi-Periode: Jede Gruppe einigt sich vor jedem Durchgang auf die Darstellung einer der drei Figuren: Die erste Figur ist der Tiger.*

Trainer atmet tief ein, breitet die Arme aus, Handflächen und gespreizte Finger nach vorn und stößt einen ohrenbetäubenden Schrei aus. Dabei reißt er die ausgebreiteten Arme nach vorn, als setze er zum Sprung an.

Die zweite Figur ist die Mutter des Samurai: Sie ist alt, müde und hat eine klägliche Stimme.

Trainer nimmt die Figur einer alten, verhärmten kleinen Frau ein und jammert mit gesenktem Kopf über den verschränkten Händen.

Huuuuuh.
Die dritte Figur ist der Samurai ...

Trainer steht mit gespreizten Beinen da, die Hände gefaltet und ein imaginäres Schwert schräg nach vorn und unten haltend. Dann macht er einen Ausfallschritt nach vorn, reißt das Schwert hoch und lässt es kraftvoll durch die Luft sausen. Dazu stößt er einen Kampfschrei aus.

Uuah!«

Die beiden Gruppen beraten sich in getrennten Ecken und stellen sich dann gegenüber auf. Der Trainer zählt bis drei und bei drei nimmt die Gruppe die vorher vereinbarte Figur ein: Brüllt wie der Tiger, wimmert wie das Mütterchen oder schreit wie der Samurai.
Nach den Regeln schlägt der Tiger das Mütterchen, das Mütterchen den Samurai, der Samurai den Tiger. Bei gleicher Figur bekommt keine Seite einen Punkt.

Ich verdanke diese Übung Frohmut Menze.

Ritter-Spiel

Die Ritter-Variante habe ich von Margarete Beyer und Tulle Bretzke-Gadatsch bekommen. Die Rahmengeschichte hat in der Tat Auswirkung auf die Stimmung.

»Nun möchten wir euch den ultimativen Energieaufbau erleben lassen. Es ist ein Gruppenspiel. Sie bilden erst einmal zwei Gruppen ... Sie müssen sich in der Gruppe auf die Darstellung einer Figur einigen. Die erste Figur ist der Ritter. Der Ritter kämpft mit dem Schwert.

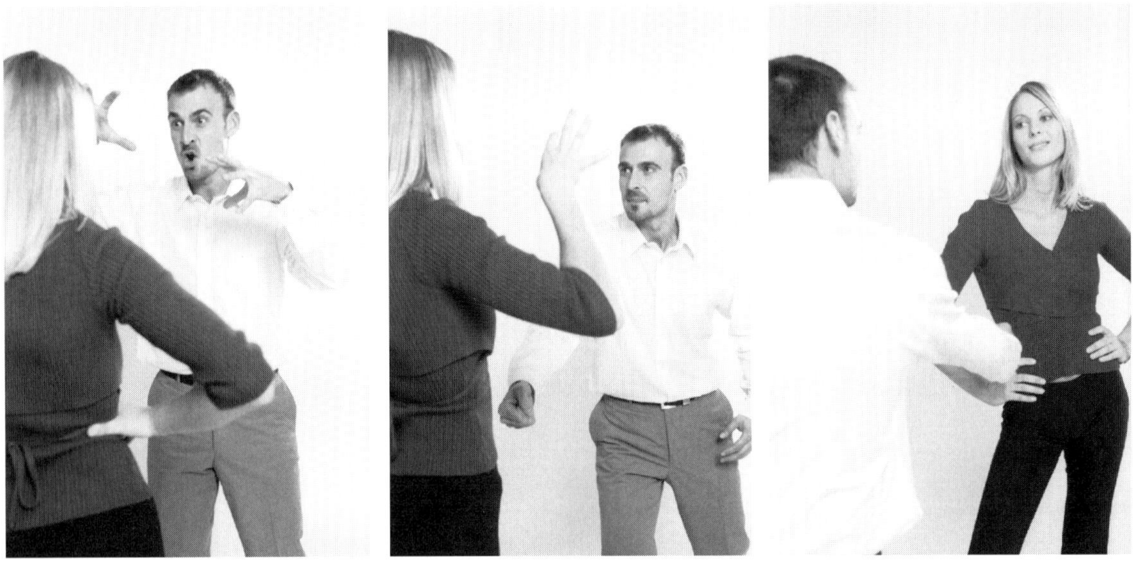

Vorführen, mit Ausfallschritt beziehungsweise fast schon Sprung, dazu laut den Schrei ausstoßen (linkes Bild).

Haah! ...
Sodann gibt es den Drachen.

Dazu die Hände gerollt an die Ohren legen, die Zunge rausstrecken und den »Feueratem« pusten oder Singsang Huhuhuhu (mittleres Bild).

Und natürlich fehlt bei dem Spiel auch die Prinzessin nicht.

Hände in die Hüften stemmen, kokett in den Hüften wackeln und dazu fröhlich singen (rechtes Bild).

Lalalala.
Und wie das Leben im Mittelalter so spielte:
Der Drache frisst die Prinzessin.
Der Ritter tötet den Drachen.
Er selbst erliegt jedoch dem Charme der Prinzessin. Das nannte man damals Minnedienst.

Sie sehen, es sind die Regeln wie beim Knobelspiel. Und jetzt geht es los. Sie einigen sich in der Gruppe, welche Figur Sie wählen, dann gebe ich das Kommando, und Sie gehen in die Darstellung.«

Kapitel 6
Inhaltliche Verankerungen

Reden wir doch nicht nur von Zielen, tun wir es, stehen auf, nehmen den Bogen.

Anwendungen und Vorgehen

Die nachfolgenden Übungen können Sie in den unterschiedlichsten Situationen einsetzen:

Zum Einstimmen auf das Thema.

- Zur Verankerung einzelner Elemente während des Seminars (die Erläuterung des Elements immer wieder in Verbindung mit dem kinästhetischen Pendant bringen).
- Die Übungen schaffen auch eine aufgelockerte Stimmung. Oft genügt später eine entsprechende Geste aus der Bewegungsübung, um die Teilnehmer aufzuheitern.
- Als Schlussübung zur besseren Verankerung, besonders wenn die letzte Bewegung energetisch ist (Arme öffnen, hochspringen).

Die in diesen Übungen verwendeten Bewegungsabläufe entstammen zumeist den vorhergehenden Kapiteln, sodass überwiegend auf Abbildungen verzichtet wird. Schauen Sie sich auch aufmerksam die Übungen aus anderen Themenbereichen an, denn Sie können so ersehen, wie ein Grundrepertoire an Bewegungsübungen verwendet werden kann, um verschiedenste Lernthemen darzustellen. Wenn ich eine fachliche Bewegungsübung entwickle, schreibe ich zunächst die zu verankernden Punkte auf. Dann konzipiere ich die Bewegungen dazu. Manchmal gelingt hierzu eine fortlaufende »Entwicklung«, manchmal sind es isolierte passende Bewegungen zum Beispiel bei der Darstellung von NLP. Sie können sich dabei zunächst an den vorstehenden Beispielen orientieren.

Wenn ihnen gar nichts anderes einfällt, gibt es immer noch die Möglichkeit auf vier Kernpunkte zu reduzieren und mit dem Übungsablauf von »Ziele und Handeln« (s. S. 138) zu arbeiten. Oder mit »Heio« (s. S. 177).

Entwickeln Sie daraus dann eine Choreographie für Ihr eigenes Seminarthema oder Ihren Unterricht!

Controlling

Teilnehmerzahl:	Beliebig.
Dauer:	2 Minuten.
Platzbedarf:	Wegen Sprung.
Musikeinsatz:	Mit oder ohne.
Emotionalität:	Gering.
Körperkontakte:	Keine.
Requisiten:	Keine.
Vorbereitung:	Keine.
Erklärung:	Gleich mitmachen lassen.
Varianten:	Gemäß Thema möglich. Kann auch im Sitzen beginnen.
Wirkung:	Energieaufbau, thematisch.
Anwendungsphase:	Zur Themenverankerung, auch thematische Einleitung.

Erreicht werden soll ein Überblick über die betriebswirtschaftliche Funktion des Begriffs »Controlling«.

»*Der Mensch braucht ...* (Linken Arm mit rechter Hand entlang streichen.) *täglich Vitamine.* (Rechte Hand zum Mund führen.) *Das Unternehmen braucht ...* (Rechten Arm mit linker Hand entlang streichen.) *täglich Controlling ...* (Dazu die Hände reiben.) *intensives Controlling. ...* (Weiter reiben.)

Es muss genau hingeschaut, ... (Handwärme auf Augen übertragen, reiben.) *hingehört ...* (Ohren reiben.) *und mitgedacht werden bei den Zielen und Vorgehensweisen ...* (Kopf massieren.) *und eingegriffen werden in die Abläufe.* (Hände recken.) *Jetzt gehen wir in das Unternehmen, stehen vielleicht dabei auf, denn Controlling findet nicht nur im Sitzen statt ...* (Linke Hand auf den Bauchnabel.) *suchen zentrale Akupunkturpunkte und klopfen dort öfter an.* (Gehirnknöpfe massieren.) *Wir müssen vielleicht mal kritisieren, – dürfen aber auch loben.* (Rechte Hand massiert Schulter und Nacken, dann Wechsel.) *Und wenn der Controller das alles macht, ...* (Knien.) *dann kommt das Unternehmen zum Erfolg*! (Hochspringen.) *Wobei der Erfolg von den festgelegten Zielen abhängt.*«

Start und Erwartungen

Teilnehmerzahl:	Beliebig.
Dauer:	2 Minuten.
Platzbedarf:	Kaum.
Musikeinsatz:	Ganz ohne oder mit Einsatz am Schluss, je nach Wunsch.
Emotionalität:	Ansteigend.
Körperkontakte:	Keine.
Requisiten:	Keine.
Vorbereitung:	Keine.
Erklärung:	Gleich zum Mitmachen.
Varianten:	Vielleicht leichte Textänderungen passend zum Thema.
Wirkung:	Erst Konzentration, dann Energieaufbau, thematische Motivation und auch Einstimmung.
Anwendungsphase:	Zu Beginn.

Die nachfolgende Übung lässt sich sehr gut zu Beginn eines Seminares, am Tagesanfang oder auch zum Start einer Besprechung oder Klausur einsetzen. Sie ist zugleich eine wirkungsvolle Ankommensübung.

> *»Wir beginnen, uns unsere Ziele und Erwartungen für heute (diese Klausur oder anderes) zu vergegenwärtigen. Was sind unsere Ziele und Erwartungen? Wir formulieren und prüfen sie nun innerlich, spannen zum Einatmen den Bogen und zielen, indem wir die Luft anhalten.«*

Vereinfachte Bogen-Übung aus Qi-Gong, S. 86: Hände vor der Brust kreuzen, dabei langsam einatmen. Luft anhalten, ausatmen. Dann neu einatmen, dabei eine Hand langsam nach außen bewegen – zielen. Beim Einatmen die Hand wieder zurückbewegen, mit der anderen vor der Brust kreuzen. Dann erfolgt die Bewegung in die andere Richtung.

»Jetzt müssen wir unsere Ressourcen und Fähigkeiten aktivieren.«

Wie King-Kong auf Brust trommeln, gegebenenfalls noch anschließend zur Energiefindung die Hände reiben bis Wärme entsteht.

»Wir haben alle Fähigkeiten in uns, die wir brauchen. – Und nun wollen wir beginnen, wollen unser Arbeitsprogramm anpacken ...«

Wenn möglich flotte Musik einspielen, auf der Stelle laufen, dann verändert der Trainer deutlich die Bewegung, indem er mit den Händen über Kreuz auf die Knie fasst, also linke Hand auf das recht Knie und umgekehrt, immer schneller werden, nun die Knie heben bis zum Kontakt mit dem Ellbogen. Er geht also in die Überkreuz-Übung (s. S. 82).

»Und jetzt geht es los, wir sind bereit!«

Unternehmensentwicklung

Teilnehmerzahl:	Beliebig.
Dauer:	5 Minuten.
Platzbedarf:	Für Hochspringen, Steh- oder Sitzkreis sollte genügend Platz vorhanden sein.
Musikeinsatz:	Zum Beispiel Viola CD 1 für die Umschaltung verschiedener Musik von beschwingt bis rhythmisch.
Emotionalität:	Entsteht für das jeweilige Thema.
Körperkontakte:	An die Hände nehmen am Schluss.
Requisiten:	Keine.
Vorbereitung:	Keine.
Erklärung:	Gleich mitmachen lassen.
Achtung:	Ideal ist es, am Anfang einen Stehkreis bilden zu lassen, so ist der gemeinsame Sprung am Schluss eindrucksvoller.
Varianten:	Nach und nach das Thema in den Text einflechten. Die Übung lässt sich auch im Sitzen beginnen. Zum Schluss könnte auch in die Phönix-Übung übergeleitet werden.
Wirkung:	Energieaufbau, Gruppendynamik, thematische Einstimmung.
Anwendungsphase:	Zum Verankern, auch zur Themeneinleitung möglich.

Diese Bewegungsübung lässt sich bei Themen von Veränderungsprozessen und der Organisationsentwicklung gut verwenden. Sie kann auch gut im Sitzen begonnen werden. Bei Verwendung der Viola CD 1 beginnt die Musik mit Titel 7.

»*Der Mensch braucht* ... (Linken Arm mit rechter Hand entlang streichen.) *täglich Vitamine.* (Rechte Hand zum Mund führen.)
Das Unternehmen braucht ... (Rechten Arm mit linker Hand entlang streichen.) *ganz viel Energie* ... (Dazu die Hände reiben.) *für schnelle Entwicklung und Veränderung.* (Weiter reiben.)
Es muss genau hingeschaut werden ... (Handwärme auf Augen übertragen, reiben.) *auf Probleme, Chancen und mögliche Ziele – und hingehört werden* ...
(Ohren reiben.) *in der Kommunikation mit den Menschen.*

Im Kopf (Kopf massieren.) *benötigen wir eine Vision und eine Strategie dafür und Bereitschaft zum Anpacken für Veränderungen.* (Hände recken, Fäuste ballen, – Musik mit Fernsteuerung auf Titel 9 umschalten, gegebenenfalls jetzt aufstehen, auf der Stelle marschieren.)
Jetzt gehen wir in die Führungsetage des Unternehmens, ... (Linke Hand auf den Bauchnabel.) *hier ist das Zentrum, zentrale Akupunkturpunkte – und lockern auch hier das Denken.* (Kinesiologische Gehirnknöpfe massieren.) *Diese Punkte bringen im Gehirn ein Gleichgewicht zwischen logisch-analytischem Verstand und kreativem, bildhaftem Denken und Emotionen.*
Nun wollen wir einmal die Schwachstellen prüfen. (Seitlich abwärts den Körper abklopfen, dann wieder innen nach oben gehen, auf halber Höhe sprechen.) *Hier ist wohl der strategische Engpass.* (Weiter nach oben klopfen, bis zur Brust.)
Aber da finden wir auch viele Stärken und Erfolgspotenziale! (Wie King-Kong fest auf die Brust trommeln, jetzt die Musik auf Titel 6 umschalten.)
Wir müssen vielleicht manchmal kritisieren, sollten aber auch viel loben. (Rechte Hand klopft, massiert Schulter und Nacken, dann Wechsel zur linken Hand.)
Das ist Motivation für unsere gemeinsame Arbeit. (Seitwärts umschauen und die Hände der Teilnehmer links und rechts ergreifen.) *Wir sprechen miteinander – kommunizieren, halten Kontakt. – Und wenn der Chef das alles macht, ...* (Niederknien, eventuell Musik auf Titel 8 umschalten.) *dann kommt das Unternehmen zum Erfolg.* (Hochspringen.) *Gemäß den gemeinsam festgelegten Zielen.*«

TQM

Teilnehmerzahl:	Beliebig.
Dauer:	2 Minuten.
Platzbedarf:	Für Sprung.
Musikeinsatz:	Mit oder ohne.
Emotionalität:	Etwas.
Körperkontakte:	Hände nehmen am Schluss.
Requisiten:	Keine.
Vorbereitung:	Keine.
Erklärung:	Gleich mitmachen lassen.
Varianten:	Durch Textinput.
Wirkung:	Energieaufbau, Gruppendynamik, thematische Einstimmung.
Anwendungsphase:	Zur Verankerung, oder auch zur Einleitung.

TQM ist eine Abkürzung für die Unternehmensstrategie »Total Quality Management«. Die Teilnehmer bilden einen Kreis, damit sie sich zum Schluss an die Hände fassen können.

»*Der interne Kunde braucht Qualität ...* (Linken Arm entlang streichen, von außen nach innen.) *Der externe Kunde will Qualität ...* (Rechten Arm entlang streichen.) *Aber was ist denn überhaupt Qualität? ...* (Haare raufen, Kopf massieren.) *Das sind die Kundenanforderungen*

- *in Produkt und Leistung,*
- *in den Betriebskosten,*
- *in der Sicherheit,*
- *in der Information,*
- *in der Termineinhaltung,*
- *im Service und der Freundlichkeit generell.*

Ich muss einfach mehr auf den Kunden hören. (Ohren massieren.)
Wer ist denn für Qualität verantwortlich? (Arme vor Brust kreuzen, verneigen.)

Oh, das bin ich selbst ebenfalls bei meiner Arbeit! (Hand aufs Herz legen.)
Wie bekomme ich Qualität? Da muss ich mein Gehirn einmal richtig stimulieren mit diesen Akupunkturpunkten! (Kinesiologische Gehirnknöpfe massieren, eine Hand auf den Bauchnabel s. S. 78.)
Wir müssen besser zusammenarbeiten. (Hand nach links und rechts zu Nachbarn ausstrecken.)
Nach Klärungen und Verbesserungen suchen. Und wenn wir das alle tun, ... (In die Hocke gehen.) *dann bekommen wir TQM und Erfolg!*« (In die Höhe springen.)

Marketing

Teilnehmerzahl:	Beliebig.
Dauer:	5 Minuten, hängt von Textmenge ab.
Platzbedarf:	Für den Sprung.
Musikeinsatz:	Je nach Geschmack in einigen Phasen. z. B. Viola CD 1 verschiedene Spuren.
Emotionalität:	Durch Thema.
Körperkontakte:	Keine.
Requisiten:	Wegen des umfangreichen Themas am besten mit Darstellung auf einem Flipchart gemäß der Grafik.
Vorbereitung:	Keine.
Erklärung:	Gleich mitmachen lassen.
Varianten:	Text kürzen oder ergänzen.
Wirkung:	Energieaufbau, Motivation, thematisch.
Anwendungsphase:	Verankern von Lerninhalten, gegebenenfalls auch als Einleitung.

In Hintergrund hängt idealerweise ein Poster, welches die folgenden Elemente des Marketings darstellt.

> »*Marketing ist ein energetischer Prozess. Wir brauchen viel Energie.* (Hände länger reiben, bis sie warm sind.) *Diese Energie übertragen wir in unsere Augen. Das fördert das Sehen der Unternehmensvision und Marktmöglichkeiten.* (Hände streichen über die Augen.)
> *Und daraus entwickeln sich die Marketingziele. Wir spannen zum Einatmen den Bogen und zielen darauf, indem wir die Luft anhalten.* (Vereinfachte Bogen-Übung aus Qi-Gong, S. 86: Hände vor der Brust kreuzen, dabei langsam einatmen. Luft anhalten, ausatmen. Dann neu einatmen, dabei eine Hand langsam nach außen bewegen – zielen. Beim Einatmen die Hand wieder zurückbewegen, mit der anderen vor der Brust kreuzen. Dann in die andere Richtung ausführen.)
> *Anschließend kommt die Planung. Wir fördern unsere Gehirnaktivität, indem wir die Akupunkturpunkte stimulieren und eine Hand auf den Bauchnabel*

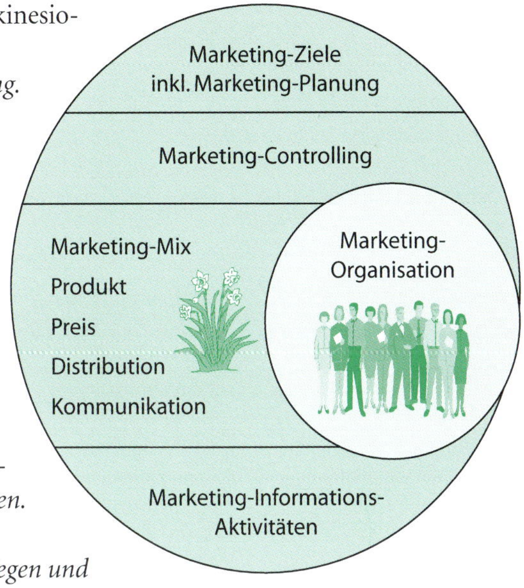

legen. (Entsprechend dem gesprochenen Text diese kinesiologische Grundübung durchführen.)
Das Controlling ist auch sehr wichtig beim Marketing. (Körper abklopfen, wie um etwas zu suchen.)
Nun kommt das absatzpolitische Instrumentarium, auch Marketing-Mix genannt. Der Blumenstrauß, mit dem wir auf den Markt gehen. (Lächeln, Blumen überreichen simulieren.)
Da ist zunächst das Produkt, die Leistung, die wir dem Markt anbieten. (Füße eine breite Stellung einnehmen lassen, einatmen und anhalten, in die Knie gehen, Last hochheben. Mehrfach in verschiedene Richtungen ausführen.)
Und das ist unser Preisniveau, alles was auf einer Rechnung so machbar ist mit Rabatten und Konditionen. (Liegende Acht in die Luft malen.)
Das Instrument der Absatzmethode hat viel mit den Wegen und den Menschen zum Kunden beziehungsweise zur Zielgruppe zu tun. (Auf der Stelle marschieren.)
Und das Instrument der Kommunikation oder auch der Werbung bezieht sich auf alle Werbebotschaften und -inhalte, die wir der Zielgruppe und den Absatzmittlern senden. (Fiktive Prospekte in die Luft werfen lassen.)
Aber für all diese Dinge brauchen wir Informationen, die uns richtig steuern. Diese Marketing-Informations-Aktivitäten sind extern und intern. (Die Arme entlangstreichen, zuerst links, dann rechts. Dazu sprechen.) *Das Unternehmen braucht Informationen von außen, – von innen. Auch die Kommunikation und die Dokumentation darüber müssen geregelt sein, damit alle das finden, was sie brauchen. Die so entstehende Marketing-Datei ist sicher im Computer gespeichert und wir geben sie über die Tastatur ein. ...* (Finger betätigen Tastatur.)
Im Zentrum allen Marketings ist die Marketing-Organisation. Wer ist alles im Geschehen integriert? Können diese Personen sich verantwortlich ganz dem Markt und der Kundenorientierung widmen? Leben und denken diese in der Zielgruppe? (Hand aufs Herz legen.) *Jetzt in die Knie gehen. Mit dieser Denkhaltung und Kundenorientierung stellt sich der Erfolg ein. Wir – und unsere Kunden – springen glücklich hoch!«* (Erst runtergehen, weitersprechen, dann hochspringen.)

Ziele und Handeln

Teilnehmerzahl:	Beliebig.
Dauer:	2 Minuten.
Platzbedarf:	Gering.
Musikeinsatz:	Flotte Musik.
Emotionalität:	Stark.
Körperkontakte:	Keine.
Requisiten:	Keine.
Vorbereitung:	Keine.
Erklärung:	Kaum nötig.
Achtung:	Stehen bleiben, Standing Ovations abwarten.
Varianten:	Diese Übung eignet sich mit gegebenenfalls leichter Textvariante sehr gut als Schluss für jedes Seminar. Statt des ersten Wortes »Wunsch« verwende ich auch oft das Wort »Idee«.
Wirkung:	Energieaufbau, Motivation zur Umsetzung des Gelernten.
Anwendungsphase:	Zum Abschluss immer besonders gut.

Diese Übung ist ein idealer Abschluss von Seminaren zur Ziel- und Zeitplanung sowie für Erfolgsthemen generell gut geeignet.

> *»Ich lade Sie zum Abschluss zu einer Übung ein, die Sie fit für den Nachhauseweg machen wird. Wir sind jetzt fertig mit der Tagung/ dem Workshop. Sie haben nun das letzte Wort. Bitte stehen Sie alle auf. Wir beginnen, indem Sie mir folgende Bewegung nachmachen.«*

Die folgenden vier Bewegungen demonstrieren und mitmachen lassen:

- Bücken beziehungsweise auf den Boden fassen.
- Auf die Oberschenkel klatschen.
- Auf die Brust schlagen.
- Arme weit öffnen in die Luft.

Nun flotte Musik einschalten (über Fernsteuerung oder durch eine Hilfskraft machen lassen).

»Jetzt sprechen Sie mir bitte nach ...

- *Wunsch* ... (Dazu bücken.)
- *Ziel* ... (Dazu auf die Oberschenkel klatschen.)
- *Plan* ... (Dazu auf die Brust schlagen.)
- *Handeln* ... (Dazu die Arme weit in die Luft öffnen, laut rufen.)

Immer schneller werden im Ablauf, Musik lauter werden lassen. Dann ganz lauter Ruf mit geöffneten Armen nach oben:

»*Handeln!*«

Ziel-Imagination und -Verstärkung

Teilnehmerzahl:	Beliebig.
Dauer:	4 Minuten.
Platzbedarf:	Für das Zielen seitlich und für den Sprung.
Musikeinsatz:	Eher langsame Musik für die Konzentration.
Emotionalität:	Durch persönliche Thematik.
Körperkontakte:	Keine.
Requisiten:	Keine.
Vorbereitung:	Keine.
Erklärung:	Spontanes Mitmachen.
Varianten:	Entsprechend dem Text.
Wirkung:	Etwas Energieaufbau, mehr geistige Frische und Konzentration, persönliche Betroffenheit.
Anwendungsphase:	Nach einer Phase des Nachdenkens über persönliche Ziele (Einzelarbeit) zur Verankerung.

Diese Übung beginnt ganz entspannt im Sitzen und geht über die Zentrierung zu einem energetischen Abschluss.

»Setzt euch entspannt hin, schließt die Augen, atmet ruhig und tief ein und danach ganz bewusst aus. Und wieder tief einatmen und bewusst ausatmen.
Stellt euch nun ein Ziel vor, und zwar das, welches euch am erstrebenswertesten aus eurer Jahreszielplanung erscheint. Stellt es euch ganz genau vor, bis ihr es vor eurem geistigen Auge sehen könnt.
Reibt nun eure Hände ganz fest aneinander, ladet euch dadurch mit Energie auf, die in eure Hände fließt.
Lasst die Augen weiterhin geschlossen und legt nun die Hände auf eure Augen. Lasst nun die Energie in eure Augen fließen.
Konzentriert euch auf das Fließen der Energie in eure Augen, legt nun eure energiegeladenen Hände auf eure Ohren. Lasst auch hier die Energie fließen … Könnt ihr eventuell auch etwas hören, während die Energie in euch hineinfließt?
Öffnet nun die Augen und legt eure Finger in die beiden Akupunkturpunkte

unterhalb des Schlüsselbeins ... (Den Teilnehmern die Gehirnpunkte zeigen s. S. 78.)
und massiert sie mit festem Druck kreisförmig, während die andere Hand auf dem Bauchnabel liegt. Könnt ihr euer vorgenommenes Ziel jetzt eventuell noch deutlicher, noch klarer sehen, noch besser beschreiben? Lasst die Bilder, die ihr seht, ruhig auf euch wirken.
Steht nun bitte auf. Klopft jetzt mit geöffneten Augen mit euren Fäusten auf die Brust. ... (King-Kong auf die Brust trommeln.)
und sagt euch dabei: ›Ich kann mein Ziel erreichen!‹ Ruft es laut aus: ›Ich werde mein Ziel erreichen!‹
Konzentriert euch nun mit gestreckten Händen vor der Brust, atmet tief ein und ganz bewusst aus. Sammelt alle Energie, die ihr aufkommen spürt, und wenn ihr energievoll aufgeladen seid.

Vereinfachte Bogen-Übung aus Qi-Gong, S. 86: Hände vor der Brust kreuzen, dabei langsam einatmen. Luft anhalten, ausatmen. Dann neu einatmen, dabei eine Hand langsam nach außen bewegen – zielen. Beim Einatmen die Hand wieder zurückbewegen, mit der anderen vor der Brust kreuzen. Dann die Übung in die andere Richtung ausführen.

Atmet tief ein, haltet für einen Augenblick die Luft an, fixiert euer Ziel nochmals mit dem gespannten Bogen.
Seht euch euer Ziel genau an, ihr könnt es jetzt noch genauer und deutlicher sehen ... und atmet langsam aus. Wiederholt diese Bogenübung nochmals.
Konzentriert euch auf Einatmen-Spannen ... Luftanhalten-Zielen ... Ausatmen.
Geht nun mit mir zusammen in die Hocke.
Wenn wir jetzt gleich gemeinsam in die Luft springen, rufen wir zusammen ganz laut: Ich schaffe das!«

Diese Übung entwickelte Winfried Schikora als »Kür« in einem meiner Trainerseminare.

Zeitfresser

Teilnehmerzahl:	Beliebig.
Dauer:	3 Minuten.
Platzbedarf:	Für den Sprung, seitlich für das Bogenspannen. Für die Laufphase ist viel Platz günstiger.
Musikeinsatz:	Nach Wunsch, anfangs mehr entspannende Musik.
Emotionalität:	Durch persönliches Bewusstsein.
Körperkontakte:	Keine.
Requisiten:	Keine.
Vorbereitung:	Keine.
Erklärung:	Gleich mitmachen lassen.
Varianten:	Im Text nach Wunsch.
Wirkung:	Konzentration, etwas Energieaufbau, thematisch-persönlich.
Anwendungsphase:	Nach einer Phase über Zeitmanagement zur Verankerung von persönlicher Betroffenheit.

Diese Übung sollte nach dem entsprechenden Seminarbaustein eingesetzt werden.

> »*Das Wichtigste im Arbeitsalltag ist es, seine Zeitfresser zu finden.* (Kopfmassage.) *Nur Nachdenken allein hilft nicht, man muss sich schon auf die Suche machen …* (Loslaufen.)
> *Natürlich braucht man Energie!* (Hände reiben.) *Vor allem die Augen brauchen viel davon, …* (Augen reiben.) *aber auch das Gehirn, indem die passenden Akupunkturpunkte massiert werden!* (Gehirnpunkte massieren s. S. 78.) *Damit wir aufmerksam und konzentriert sind, damit wir überprüfen können. Wenn wir dann einen persönlichen Zeitfresser gefunden haben, … können wir froh sein.* (Schulter klopfen.)
> *Nun nehmen wir ihn ins Visier … spannen mit dem Einatmen den Bogen … halten die Luft an … und atmen aus …*

Vereinfachte Bogen-Übung aus Qi-Gong, S. 86: Hände vor der Brust kreuzen, dabei langsam einatmen. Luft anhalten, ausatmen. Dann neu einatmen, dabei eine Hand langsam nach außen bewegen – zielen. Beim Einatmen die Hand wieder zurückbewegen, mit der anderen vor der Brust kreuzen. Dann in die andere Richtung.)

> *und schütteln ihn ab* ... (Den ganzen Körper schütteln.) *und das gibt* ... (In die Knie gehen.) *neue Power!*« (Luftsprung.)

Diese Übung entwickelte Bernd Köster als »Kür« in einem meiner Trainerseminare.

Führungsaufgaben

Teilnehmerzahl:	Bis zu 30, sonst ohne Stehkreis.
Dauer:	Zirka 4 Minuten.
Platzbedarf:	Stehkreis.
Musikeinsatz:	Für die Phase des Laufens und für das Abschlussklatschen.
Emotionalität:	Stark.
Körperkontakte:	Keine.
Requisiten:	Keine.
Vorbereitung:	Keine oder als Variante.
Erklärung:	Gleich mitmachen lassen.
Achtung:	Die Aufgabenverteilungsphase in einen melodiösen Rhythmus mit dem Sprechen bringen. Dies muss der Trainer vorher gut üben.
Varianten:	Inhaltlich mit dem Text. Wenn die Teilnehmer sich gut kennen, die Anerkennungphase: dem Nachbar auf die Schulter klopfen.
Wirkung:	Energieaufbau, Motivation, Gruppendynamik. Persönliche Betroffenheit. Inhaltlich.
Anwendungsphase:	Zur inhaltlichen Verankerung vorherigen Lernstoffes.

Diese Übung können Sie folgendermaßen einleiten. Die Teilnehmer stehen dabei im Kreis.

> *»Führen bedeutet immer mit anderen einen bestimmten Weg zu gehen. Zu Beginn langsam, manchmal etwas schneller, dann wieder langsamer.* (Der Trainer gibt durch sein eigenes »Laufen« in dem Kreis das Tempo vor.)
> *Eine wichtige Kenntnis ist das Ziel. Wo geht der Weg hin? Das Ziel muss genau und klar sein. …*

Vereinfachte Bogen-Übung aus Qi-Gong, S. 86: Hände vor Brust kreuzen, dabei langsam einatmen. Luft anhalten, ausatmen. Dann neu einatmen, dabei eine Hand langsam nach außen bewegen – zielen. Beim Einatmen die Hand wieder zurückbewegen, mit der anderen vor der Brust kreuzen. Dann die Bewegung in die andere Richtung ausführen.

Eine der wichtigen Aufgaben einer Führungskraft ist es, Aufgaben zu verteilen. Wichtige und weniger wichtige, große und kleine Aufgaben.

Der Trainer spricht vor, die Teilnehmer werden zur Wiederholung aufgefordert. Er verteilt symbolisch erst nach rechts und dann nach links große, wichtige »Aufgaben« und kleine, weniger wichtige. Dreimal wiederholen. Durch die Körpersprache und die Armbewegungen werden groß/klein und wichtig/weniger wichtig dargestellt. Die Armbewegungen und Körpersprache sollten deutlich – vielleicht sogar etwas überzogen – zu erkennen sein. Indem die Teilnehmer die Aussagen wiederholen und gleichzeitig die Bewegungen mitmachen, wird das Ganze zu einem rhythmischen Ablauf, in den alle gefühlsmäßig stark hineingehen können.

Eine Führungskraft braucht Energie. (Händereiben.)
Sie muss Gespräche führen. (Augen, Ohren und Lippen massieren.)
Eine Führungskraft muss Tempo machen und Vorbild sein. (Schnell laufen im Kreis und dazu lächeln.)
Eine Führungskraft gibt Anerkennung. (Sich selbst auf die rechte und die linke Schulter klopfen.)
Sie muss auch die Zielerreichung gemeinsam mit den Mitarbeitern feiern.

Anfeuerndes Klatschen – immer schneller werden, siehe dazu die Beschreibung der Bewegungsübung »Energetisches Klatschen«, S. 66.

Diese Übung entwickelte Peter Lohoff als »Kür« in einem meiner Trainerseminare, welches ich für das usa-team durchführte.

NLP-Überblick

Teilnehmerzahl:	Beliebig.
Dauer:	2 Minuten.
Platzbedarf:	Kaum.
Musikeinsatz:	Ohne oder mit nach Wunsch.
Emotionalität:	Gering.
Körperkontakte:	Keine.
Requisiten:	Keine bis auf Poster.
Vorbereitung:	Keine.
Erklärung:	Gleich zum Mitmachen.
Varianten:	Je nach persönlicher Auffassung der Kerninhalte der NLP kann diese Übung natürlich geändert werden. Dann muss die Bewegung den neuen Begriffsschwerpunkten angepasst werden.
Wirkung:	Erst Konzentration, dann Energieaufbau, thematische Verankerung oder auch Einstimmung.
Anwendungsphase:	Vor ausführlicher Darstellung NLP zur Einstimmung, oder hinterher zu Verankerung.

Bei dieser Übung möglichst vor einem Poster mit den vier Komponenten »Ziele, Ressourcen, Wahrnehmung, Flexibilität« (ähnlich dem umseitigen Mindmap) stehen, die ich persönlich als essenziell empfinde.

»Beim NLP geht es im Wesentlichen um vier Komponenten. Die erste Komponente sind Ziele. Was sind unsere Ziele? Das Ziel wird gut formuliert und geprüft. Wir spannen zum Einatmen den Bogen und zielen darauf, indem wir die Luft anhalten. ...

Vereinfachte Bogen-Übung aus Qi-Gong, S. 86: Hände vor der Brust kreuzen, dabei langsam einatmen. Luft anhalten, ausatmen. Dann neu einatmen, dabei eine Hand langsam nach außen bewegen – zielen. Beim Einatmen die Hand wieder zurückbewegen, mit der anderen vor der Brust kreuzen. Dann die Bewegung in die andere Richtung ausführen.

Dann als zweite Komponente müssen wir unsere Ressourcen aktivieren.

Wie King-Kong auf die Brust trommeln, dann Hände reiben zur Energiefindung bis Wärme entsteht.

> *Wir haben alle Fähigkeiten in uns, die wir brauchen. Die dritte Komponente ist die Wahrnehmung. Wir nehmen im Außen und im Innen mit unseren verschiedenen Sinneskanälen wahr.*

Energie nun von den Händen auf die Augen übertragen, dann auch die Ohren, die Nase und auf den Mund – dazu jeweils sprechen und benennen, leicht hüpfen.

> *Das ist der kinästhetische Kanal.*
> *Als viertes propagiert NLP die Flexibilität, neue Verhaltensmuster auszuprobieren.*

Mit den Armen über dem Kopf nach links und rechts, nach vorne und hinten schwingen wie ein Baum.

> *›Wenn ein Verhalten nicht zum gewünschten Ergebnis führt, probieren wir auch einmal ganz neue Richtungen aus!‹«*

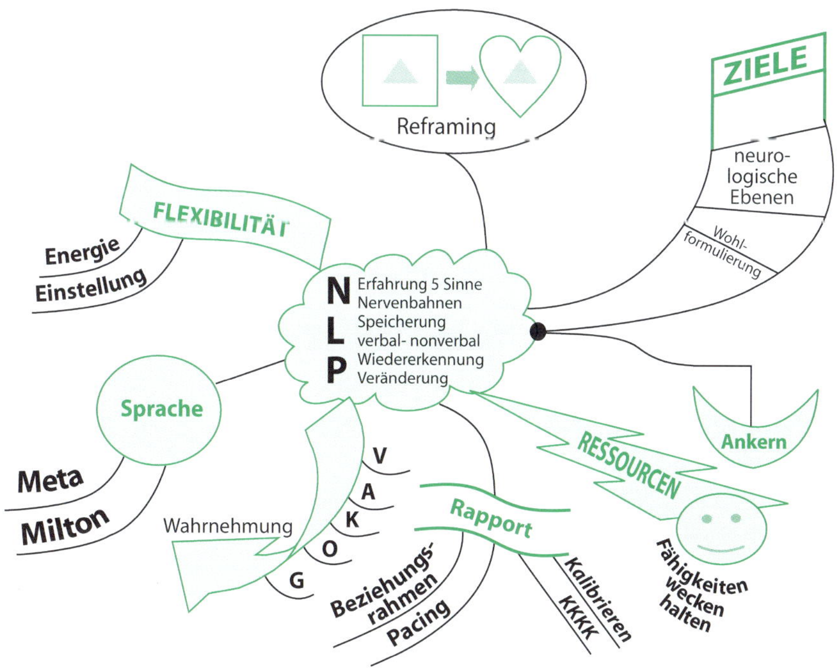

Verkaufstraining allgemein

Teilnehmerzahl:	Beliebig.
Dauer:	2–4 Minuten.
Platzbedarf:	Gering.
Musikeinsatz:	Flotte Musik.
Emotionalität:	Etwas.
Körperkontakte:	Keine.
Requisiten:	Keine.
Vorbereitung:	Lernstoff vorher durcharbeiten.
Erklärung:	Erst die Körperübungen zeigen, dann den Text einführen.
Varianten:	Mit anderen Lerninhalten.
Wirkung:	Energieaufbau, Motivation. Thematische Verankerung.
Anwendungsphase:	Zur Wiederholung und Verankerung der vier Kernpunkte.

Die vier Kernbegriffe des Verkaufens sind auf ein Flipchartblatt für alle sichtbar angeschrieben:

- Vorbereitung.
- Fragen,
- Wahrnehmen,
- Protokoll (hinterher),

> *»Bitte stehen Sie alle auf. Wir beginnen, indem Sie mir folgende Bewegung nachmachen.«*

Die folgenden vier Bewegungen demonstrieren und mitmachen lassen:

- Auf den Boden fassen beziehungsweise bücken.
- Auf die Oberschenkel klatschen.
- Auf die Brust schlagen.
- Arme weit öffnen, in die Luft strecken.

Nun flotte Musik einschalten.

»Jetzt sprechen Sie mir bitte nach:
Vorbereitung ... (Dazu bücken.)
Fragen ... (Dazu auf die Oberschenkel klatschen.)
Wahrnehmen ... (Dazu auf die Brust schlagen.)
Protokoll ...« (Dazu die Arme weit in die Luft öffnen, laut rufen.)

Immer schneller werden im Ablauf, Musik lauter werden lassen. Wenn es dem Trainer ausreichend erscheint, ruft er mit geöffneten, nach oben gestreckten Armen ganz laut

»Vorbereitung!«

Verkauf Einzelhandel

Teilnehmerzahl:	Beliebig.
Dauer:	3 Minuten.
Platzbedarf:	Für Sprung.
Musikeinsatz:	Verschieden, umschalten von flott auf langsam, dann wieder flott.
Emotionalität:	Etwas, für das Thema.
Körperkontakte:	Keine.
Requisiten:	Keine, gegebenenfalls mit Produkt des Unternehmens.
Vorbereitung:	Keine.
Erklärung:	Gleich mitmachen lassen.
Varianten:	Bei verkürzter Form einige Passagen weglassen.
Wirkung:	Energieaufbau, thematische Verankerung.
Anwendungsphase:	Nach der Vorstellung der einzelnen Inhalte zur Wiederholung und Einübung.

Im Einzelhandel gibt es Grundprinzipien des Zugangs zum Kunden, die in der nachfolgenden Übung zusammengefasst werden.

> »*Verkaufen ist ein energetischer Prozess. Wir brauchen viel Energie.* (Hände länger reiben, bis sie warm sind.)
> *Diese Energie übertragen wir in unsere Augen. Den visuellen Kanal nutzen wir, um unseren Kunden gut zu zeigen, was wir ihm anbieten.* (Hände streichen über die Augen.)
> *Wir beschreiben es ihm in den für seine Ohren verständlichen Worten.* (Hände massieren die Ohren.)
> *Wenn möglich, bieten wir dem Kunden das Produkt oder ein Muster zum Fühlen an und geben es in seine Hände.* (Rhythmisches Händeklatschen.)
> *Dabei bereiten wir uns innerlich vor und bedenken die Möglichkeiten unserer Einflussnahme, indem wir die Gehirn-Akupunkturpunkte stimulieren und eine Hand auf den Bauchnabel legen.* (Entsprechend dem gesprochenen Text diese kinesiologische Grundübung durchführen, s. S. 78.)

Gegebenenfalls hier Einschub: *Bei allem müssen wir natürlich von unseren Zielen ausgehen. Wir atmen ein und spannen dabei den Bogen und zielen ... halten dabei den Atem an.*

Vereinfachte Bogen-Übung aus Qi-Gong, S. 86: Hände vor der Brust kreuzen, dabei langsam einatmen. Luft anhalten, ausatmen. Dann neu einatmen, dabei eine Hand langsam nach außen bewegen – zielen. Beim Einatmen die Hand wieder zurückbewegen, mit der anderen vor der Brust kreuzen. Dann die Bewegung in die andere Richtung durchführen.

Und wir achten auf unser eigenes Energieniveau und sorgen dafür, dass wir uns gut fühlen. (Körper abklopfen, dann auf der Stelle gehen, am besten über Kreuz mit den Armen.)

Abschluss: Jetzt in die Knie gehen. *Mit dieser Denkhaltung und Kundenorientierung stellt sich der Erfolg ein. Wir springen hoch!«*
(Erst runtergehen, weitersprechen, dann hochspringen.)

Eine temporeiche Variante dieses Energieaufbaus habe ich von Helmut Machemer aus Freiburg in einem seiner Verkaufsseminare erlebt. Die Musik begann langsam und wurde dann immer schneller.

- Hände reiben.
- Energie auf Kopf, Augen, Ohren, Mund übertragen und verkaufsmäßig wie oben kommentieren.
- Nochmals Hände reiben, Energie auf die Oberschenkel reiben. Dazu sprechen: »*Wir brauchen Energie, um den Kunden entgegenzugehen.*«
- Auf der Stelle laufen.
- Vor und zurück laufen (»*Wir gehen dem Kunden entgegen, zurück zur Kasse*« – passende Handbewegung ausführen.)
- Den vorangegangenen Punkt mehrfach wiederholen, beschleunigen.
- Gemeinsam Klatschen, schneller werden.
- Gemeinsamer Ja-Schrei (siehe Übung »Klatschen«, s. S. 66).

Einwandbehandlung

Teilnehmerzahl:	Beliebig
Dauer:	3 Minuten.
Platzbedarf:	Für den Sprung.
Musikeinsatz:	Nach Wunsch.
Emotionalität:	Etwas, für das Thema.
Körperkontakte:	Keine.
Requisiten:	Keine.
Vorbereitung:	Keine.
Erklärung:	Gleich mitmachen lassen.
Varianten:	Gegebenenfalls einen Haupteinwand der Kunden gleich mit einbauen.
Wirkung:	Energieaufbau, thematische Verankerung.
Anwendungsphase:	Nach der Vorstellung der einzelnen Inhalte zur Wiederholung und Einübung.

Die nachfolgende Bewegungsübung ist ebenfalls für Verkaufsseminare und wird bei Abschlussgesprächen benötigt.

> »*Das Behandeln von Kundeneinwänden ist ein energetischer Prozess. Wir brauchen viel Energie.* (Hände reiben bis sie warm sind.)
> *Wir achten auf unser eigenes Energieniveau und sorgen dafür, dass wir uns gut fühlen.* (Körper abklopfen, dann auf der Stelle gehen, am besten mit Armen und Beinen über Kreuz.)
> *Seine Zweifel und Bedenken kann ich dem Kunden ansehen. Wir müssen unsere Wahrnehmung schärfen.* (Hände reiben die Augen.)
> *Seinen Einwand genau anhören. Manchmal auch das Nicht-Gesagte ›hören‹.* (Hände massieren die Ohren.)
> *Wir nehmen seinen Einwand ernst und zeigen Verständnis.* (Mit dem Kopf nicken.)
> *Mit guten Fragen und Argumenten räumen wir seinen Einwand aus. Dabei bereiten wir uns innerlich vor und bedenken die Möglichkeiten unserer Einflussnahme, indem wir die Gehirn-Akupunkturpunkte stimulieren und eine*

Hand auf den Bauchnabel legen. (Parallel dazu ausführen.)
Nur wenn wir gut fragen und argumentieren, wird uns der Kunde bei unserer Einwandbehandlung folgen. (Kreuz und quer durch den Raum gehen. Teilnehmer folgen.)
Wenn wir so unsere Kunden bei Einwänden behandeln, werden sie kaufen!«
(Letztes Wort laut betonen, in die Kniebeuge gehen und hochspringen.)

Ich verdanke diese Übung Peter Volkmann aus München, der sie in einem meiner Trainerseminare entwickelte.

Reklamationsbehandlung

Teilnehmerzahl:	Beliebig.
Dauer:	4 Minuten.
Platzbedarf:	Für den Sprung und für den Stehkreis.
Musikeinsatz:	Nach Wunsch.
Emotionalität:	Etwas, Sensibilisierung für das Thema Kundenorientierung.
Körperkontakte:	Eigentlich nicht direkt, nur das Greifen nach Kragen oder Krawatte.
Requisiten:	Keine.
Vorbereitung:	Keine.
Erklärung:	Gleich mitmachen lassen.
Varianten:	Gegebenenfalls eine Reklamation der Kunden gleich mit einbauen.
Wirkung:	Energieaufbau, thematische Verankerung.
Anwendungsphase:	Nach der Vorstellung der einzelnen Inhalte zur Wiederholung und Einübung.

Die nachfolgende Übung gehört in das Training der Kundenorientierung. Die Teilnehmer stehen im Kreis.

> »*Wenn ein Kunde mit seiner Reklamation zu uns kommt, dann schiebt er uns eine ganze Menge Ärger zu.* (Arme auf Brusthöhe mehrmals energisch anwinkeln und ausstrecken, die Hände »schieben« eine Wand weg.)
> *Am liebsten würden wir den ganzen Ärger zur Seite schieben ... oder ganz weg ... oder irgendwo außer Sichtweite.* (Langsame, stark gestreckte Schiebebewegungen in alle Richtungen, ähnlich der Qi-Gong-Übung, S. 88, gegebenenfalls dazu ein wenig laufen, in alle erdenklichen Ecken »schieben«.)
> *Aber das geht nicht. Wir müssen dieses Problemthema annehmen.* (Arme ausstrecken und »eine schwere Last aufnehmen« – mehrmals wiederholen.)
> *Wie immer bei komplizierten zwischenmenschlichen Angelegenheiten müssen wir uns konzentrieren. Dazu aktivieren wir unser Gehirn.* (Kopfmassage.)
> *Wir sind richtig heiß auf das Thema, wir wecken unsere Energien.* Heftiges Händereiben.)

Wir brauchen diese Energie, um jederzeit klar zu sehen. Wir müssen den Sachverhalt erkennen oder auch einmal in den Augen des Kunden lesen. (Mit den Handflächen über die Augenlider streichen.)
Unsere Ohren müssen besonders scharf sein, für all die kleinen Zwischentöne. Wir wollen alle feinen Nuancen in der Stimme des Kunden erkennen. (Langsames Auflegen der Hände auf die Ohren, bis man die Hitze unter der Handfläche spürt.)
Zunächst reagieren wir mit Verständnis ... (Arme ausbreiten.)
um ihm den Wind aus den Segeln zu nehmen ... (Arme wie in einer großen Umarmung einziehen, symbolisches Segeleinholen aus verschiedenen Richtungen; dabei auch in der Hüfte schwingen, wie in einem Sturm.)
mit gezielten sanften Fragen ... (Zum Nachbarn beugen, nach seinem Kragen oder Krawatte greifen und ganz sanft ein wenig zu sich ziehen, sanft loslassen und wieder einen Schritt zurück.)
und aufmerksamem Zuhören ... (Ohren reiben.)
führen wir ... (Hände links und rechts greifen, Kreis bilden.)
den Kunden aus seinem frustrierten wütenden Tief ... (In die Hocke gehen.)
in ein gemeinsames positives Hoch.« (Beim Hoch miteinander hochspringen und die Arme nach oben strecken.)

Ich verdanke diese Übung Patricia Montbrun-Löffler aus München, die sie in einem meiner Trainerseminare entwickelte.

Bilanz und GuV

Teilnehmerzahl:	Beliebig.
Dauer:	Zirka 6 Minuten.
Platzbedarf:	Für den Twist und das Hochspringen.
Musikeinsatz:	Twist instrumental.
Emotionalität:	Gegebenenfalls durch den Inhalt, durch die Musik.
Körperkontakte:	Keine, nur Spiegeltanz – Kontaktaufnahme.
Requisiten:	Poster beziehungsweise Overheadfolie.
Vorbereitung:	Ausführliche Sachinformation vorher.
Erklärung:	Gleich mitmachen lassen.
Achtung:	Auf die richtige Seite bei der Bilanz achten.
Varianten:	Textlich.
Wirkung:	Energieaufbau, thematische Einstimmung.
Anwendungsphase:	Die GuV ist auch gut platziert am Ende der Unterrichtseinheit, danach nichts mehr sprechen, Standing Ovations abwarten.

Der Trainer steht vor der Visualisierung der Begriffe (Overheadfolie oder Poster), während er die Übung anleitet. Auch ein solch »trockenes« Thema lässt sich in Bewegung verwandeln!

> *»Wir wollen den Begriffsinhalt der Bilanz nun einmal praktisch und physisch erleben. Stellen Sie sich bitte hin und strecken Sie die Arme waagerecht aus, suchen Sie sich den Platz so, dass Sie dabei niemanden berühren.*
> *Stellen Sie sich vor, dass rechts und links die Arme auf zwei Säulen ruhen. Diese Säulen stellen die Aktiva und Passiva dar, von außen sehen Sie ein Säulendiagramm. Links sind die Passiva, rechts die Aktiva gestapelt als Bauklötze, die eine Säule ergeben.*
> *Beide Säulen sind gleich hoch. Wir nehmen nun die Bauklötze einzeln ab und senken dabei den Arm entsprechend ab. Beginnen Sie mal mit den Aktiva als dem rechten Arm.«*

Der Trainer achtet auf die richtige Seite und gibt Anweisungen entsprechend der Darstellung auf dem Poster oder der Overheadfolie.

»Nun senken Sie den linken Arm ab, der auf den Bauklötzen der Passiva ruht. (Entsprechend dem Poster/der Overheadfolie.)

Schütteln Sie die Arme aus. ...(Dabei weiter reden.)

Beachten Sie dabei die so genannte Fristigkeit: Bei den Aktiva geht es in der Reihenfolge, welches Gut dem Unternehmen am längsten zur Verfügung stehe, bis es im Umsatz beziehungsweise Produktionsprozess aufgebraucht ist.
Bei den Passiva befindet sich oben das Eigenkapital, welches dem Unternehmen bis zum Schluss zur Verfügung steht, unten sind die ganz kurzfristigen Verbindlichkeiten aufgeführt.
Und nun will ich mit einer Bewegungsübung die GuV verankern. Suchen Sie sich dazu bitte einen etwa gleich großen Partner. Stellen Sie sich gegenüber, lächeln Sie sich an. Nehmen Sie die Arme auf Nabelhöhe. Stellen Sie sich vor, dass das eine Million Euro sind. Diese Höhe symbolisiert den gesamten Umsatz inklusiv der sonstigen Erlöse – jetzt kommt passende Musik. (Musik über Fernsteuerung einspielen.)

Vollführen Sie nun eine Art Spiegeltanz, machen Sie also beide das Gleiche. Rutschen Sie dabei mit den Füßen und lassen Sie die Arme zunächst in der Höhe von 100 Zentimeter. (Twist vorführen.)

Jetzt ziehen wir 30 Prozent Materialkosten ab und gehen runter auf 70 Zentimeter. (Die GuV in den einzelnen Positionen durchgehen.)

Jetzt sind wir ganz unten bei ungefähr einem Zentimeter. Stellen Sie sich vor, dass ist der ganze Gewinn. Jetzt verdoppeln Sie den Gewinn einmal, gehen Sie höher. Ja, bleiben Sie schön im Rhythmus der Musik. (Musik lauter stellen.)

Und nun gibt es ... (Namen des Unternehmens nennen.) *in diesem Unternehmen einen Entwicklungsprozess mit modernsten Methoden. Es gibt eine Gewinnexplosion.* (Hochspringen.) – *So, jetzt haben Sie die GuV verankert!«*

Kernaussagen zur Rhetorik

Teilnehmerzahl:	Beliebig.
Dauer:	4 Minuten.
Platzbedarf:	Seitlich für den Bogen spannen.
Musikeinsatz:	Geht gut ohne.
Emotionalität:	Auch durch die La-ola-Welle und das Singen.
Körperkontakte:	Keine.
Requisiten:	Keine.
Vorbereitung:	Keine.
Erklärung:	Gleich mitmachen lassen.
Varianten:	Durch zusätzliche Inhalte des Trainers.
Wirkung:	Energieaufbau, Begeisterung, thematische Verankerung.
Anwendungsphase:	Zur Wiederholung von rhetorischen Prinzipien.

Die Übung kann im Sitzen beginnen und geht dann ins Stehen über.

> »*Wir wollen nun als Übersicht über die Grundprinzipien der Rhetorik eine kleine Bewegungsübung durchführen. Zunächst reiben wir die Hände, bis sie ganz warm sind. So erzeugen wir unsere eigene Energie, das Feuer, das in uns brennt bei unserem Vortrag.* (Hände reiben, dann Teilnehmer aufstehen lassen, wenn noch nicht geschehen.)
> *Wir streichen mit der rechten Hand den linken Arm zur Schulter, dann mit der linken Hand den rechten Arm, wir fühlen uns wohl mit unserem Wissen.* (Bewegung entsprechend.)
> *Nun nehmen wir Blickkontakt mit den Vortragsteilnehmern auf.* (Nachbarn bewusst anschauen, Kopf dabei wie eine Schildkröte nach vorne schieben.)
> *Wir erzeugen mit unserem Vortrag einen Spannungsbogen bei den Zuhörern und bei uns selbst. Wir spannen zum Einatmen den Bogen, indem wir die Luft anhalten.*

Vereinfachte Bogen-Übung aus Qi-Gong, S. 86: Hände vor der Brust kreuzen, dabei langsam einatmen. Luft anhalten, ausatmen. Dann neu einatmen, dabei eine Hand langsam nach außen bewegen – zielen. Beim Einatmen die Hand wieder zurückbewegen, mit der anderen vor der Brust kreuzen. Dann die Bewegung in die andere Richtung druchführen.)

> *Die Zuhörer sind begeistert – La-ola …*(Hände bei der La-ola-Welle flattern lassen, den Konsonanten »a« leise aussprechen, Ton halten. Lautstärke steigern und am Höhepunkt die Arme nach oben reißen.) – *Aaa!*«

Diese Übung entwickelte Andreas Schätzel als »Kür« in einem meiner Trainerseminare.

Düfte-Überblick

Teilnehmerzahl:	Beliebig.
Dauer:	2 Minuten.
Platzbedarf:	Für das schwungvolle Umdrehen beim Aufstehen am Schluss.
Musikeinsatz:	Langsame Musik.
Emotionalität:	Durch das Ansprechen der Sinne.
Körperkontakte:	Keine.
Requisiten:	Keine.
Vorbereitung:	Keine.
Erklärung:	Gleich mitmachen lassen.
Varianten:	Gegebenenfalls im Text. Übung kann auch gut im Sitzen beginnen.
Wirkung:	Konzentration, Stimmung, kleiner Energieaufbau, thematische Wiederholung.
Anwendungsphase:	Zur Wiederholung von Gelerntem, gegebenenfalls auch zum Einstieg vorher.

Diese Übung zeigt die Anwendung von Bewegung für den Wissenstransfer im Gesundheitsbereich.

»*Wir nehmen hochwertige Öle …* (Alle sitzen, Arme angewinkelt, Handflächen nach oben offen.) *darin sind Kraft und Energie der Natur gespeichert.* (Arme machen weiten Kreis nach oben, Hände als Dach über dem Kopf.)
Wir werden uns vorher Gedanken machen über die Wirkung. (Kopf massieren.) *Wir können die Wirkung bewusst wahrnehmen.* (Jeder klopft sich selbst auf die Schulter.)
Die Düfte wirken aber auch, wenn wir es nicht bewusst wahrnehmen. (Die Augen mit den Handflächen bedecken, die Nase sanft streichen, mit beiden Daumen und Zeigefingern um den Mund streichen.)
Düfte können beruhigend, stressabbauend, schmerzlindernd wirken. Handflächen nach oben, dann Arme weit machen, dann den Kopf langsam nach rechts und links auf die Schulter sinken lassen.)
Sie können konzentrationsfördernd, energiebringend, stimmungserhellend

wirken. (Jetzt erst aufstehen, Stirn massieren, King-Kong, Arme weit hochheben.)
Dann geht es uns gut. Wir fühlen uns energievoll und ringsum wohl und ruhen in uns selbst.« (Arme vor dem Körper überkreuzen, dass sie den Körper umschließen. Dann Arme weit öffnen, mit Schwung um die eigene Achse drehen – und auspendeln.)

Diese Übung entwickelte Dorothea Lohoff als »Kür« in meinem Trainerseminar, welches ich für das usa-team durchführte.

Selbstverantwortung

Teilnehmerzahl:	Beliebig.
Dauer:	Zirka 3 Minuten.
Platzbedarf:	Für das Gehen auf dem Platz und genug, um die Arme nach vorne ausstrecken zu können.
Musikeinsatz:	Am Anfang langsam, dann in der Mitte flotter Teil. Gut mit Viola möglich.
Emotionalität:	Starke Betroffenheit.
Körperkontakte:	Keine.
Requisiten:	Poster im Hintergrund.
Vorbereitung:	Vorher sollte etwas von dieser Thematik besprochen werden.
Erklärung:	Gleich mitmachen lassen.
Varianten:	Mit dem Text.
Wirkung:	Bewusstsein, Konzentration, Selbstmotivation, Energieaufbau, Lernstoffverankerung.
Anwendungsphase:	Nach vorheriger Arbeit über diese Thematik zum Beispiel nach dem Buch von Reinhard Sprenger »Das Prinzip Selbstverantwortung«.

Diese Übung hat eine große Spannweite. Sie basiert inhaltlich auf dem gleichnamigen Buch von R. Sprenger. Es empfiehlt sich, sie vor einem Poster mit den relevanten Stichworten durchzuführen.

»*Ich kann immer selbst wählen und entscheiden.* (Kopf massieren.)
Ich bin bereit, den Preis zu zahlen, wenn es sinnvoll ist. (Mit gespreizten Beinen stehen, tief einatmen und Hände in Abstand vor Brust falten, Luft einatmen und anhalten, dann beide Hände ausstrecken und ausatmen dazu. Das Ganze zweimal wiederholen.)
Ich bin selbst verantwortlich für mein Glück. ... (Arme in die Luft strecken und tief und freudig atmen dazu, mit den Händen dabei »wedeln«. Ab hier flotte Musik einschalten.)
Lust und Freude sind größer bei vorheriger Anstrengung. (Überkreuz-Übung mit Ellbogen und Gehen, s. S. 82)
Ich kann meine Gefühle selbst beeinflussen und von äußeren Wahrnehmun-

gen unabhängig machen. (King-Kong s. S. 64 auf die Brust trommeln)
Und somit bin ich frei. (Die Musik stoppt. Mit über dem Kopf gespreizten Armen stehen, sprechen, langsam einatmen, dazu die Arme senkrecht über den Kopf heben. Einige Sekunden anhalten. Dann plötzliche Bewegung mit den Armen nach vorn, gleichzeitig kräftig ausatmen durch den Mund auf den Ton.)
Ha!« (Langsam wieder einatmen, aufrichten, Arme wieder über den Kopf heben. Dann langsames Ausatmen über die Nase und Senken der Arme.)

Veränderungsprozesse

Teilnehmerzahl:	Beliebig.
Dauer:	Zirka 5 Minuten.
Platzbedarf:	Stehkreis, jedoch nicht eng.
Musikeinsatz:	Anfangs ohne, am Schluss Balu-Tanz aus dem Dschungelbuch.
Emotionalität:	Angenehm.
Körperkontakte:	Stark.
Requisiten:	Keine.
Vorbereitung:	Mit dem Thema Loslassen beziehungsweise Veränderungsprozesse.
Erklärung:	Gleich mitmachen lassen.
Varianten:	Die Bausteine können auch alleine verwendet werden. Die Atemübung für das Thema Loslassen ist oft sinnvoll.
Wirkung:	Bewusstsein, Konzentration, etwas Energieaufbau, Lernstoffverankerung.
Anwendungsphase:	Nach vorheriger Arbeit über diese Thematik.

Die folgenden drei Übungsbausteine, die ich Helmut Roth und Lothar Lechler vom ROBE-Institut in Nürnberg verdanke, lassen sich gut in Seminaren einsetzen, in denen es um Veränderungsprozesse geht. Es sind die Bausteine

- Loslassen,
- Balance halten,
- Zufriedenheit.

Je nach Situation können noch aus dem bisherigen Repertoire Bausteine für die Notwendigkeit für Veränderungen (zum Beispiel Schütteln für »Flexibilität«) oder auch für Ziele (Bogenschießen) eingesetzt werden. Eventuell passt auch noch zwischen dem zweiten und dem dritten Schritt ein Sprung für den »Erfolg« der Veränderungsprozesse.

Am besten stehen die Teilnehmer im Kreis, die Beine schulterbreit auseinander. Vielleicht sagen Sie schon an, dass eine Partnerübung folgt, bei der Partner ähnlicher Statur sinnvoll sind.

»Das Wichtigste bei Veränderungsprozessen ist das Loslassen von alten Mustern und Gewohnheiten. Wir üben dies am Beispiel des Atems. Hier können wir auch nichts auf Dauer festhalten. Immer wieder müssen wir loslassen. Atmen Sie jetzt tief ein, legen Sie vielleicht die Hände auf den Bauch. Halten Sie den Atem an. Halten Sie den Atem fest, solange sie können. Anhalten ... anhalten, alles soll so bleiben wie es ist! Der Drang wird übermächtig, wir müssen etwas tun, wir müssen loslassen, um neu einatmen zu können.

Soweit möglich mitatmen, »atemlos« dazu sprechen. Den Zyklus noch ein- bis zweimal wiederholen.

Der zweite Schritt bei Veränderungsprozessen ist die Stabilisierung neuer Abläufe, hier ist wieder ein Gleichgewicht zu finden. Drehen Sie sich nun einem Partner links oder rechts zu. Stellen Sie sich seitenverkehrt so hin, dass jeweils der innere Fuß des einen Partners an den inneren Fuß des anderen stößt. Mit der inneren Hand umfassen Sie den Unterarm des Partners. Nun lehnen Sie sich nach außen, versuchen den Punkt des Gleichgewichts, den Punkt der Balance zu finden. Wenn Sie diesen gefunden haben, so heben Sie das äußere Bein gleichzeitig mit dem Partner hoch.

Auch Sie als Trainer haben einen Partner gewählt und vollziehen simultan mit den Teilnehmern die Übung. Lassen Sie sie elegant aussehen, indem Sie auch noch den äußeren Arm in die Waagerechte bringen!)

Nach der Stabilisierung und Balance kommt nun der angenehme Teil. Der Genuss der besseren Situation, der wirkungsvolleren Vorgehensweise, des Erfolgs. Sie drehen sich nun weiter um, sodass Sie mit Ihrem Partner Rücken an Rücken stehen. Nun mit Fernsteuerung das entsprechende Musikstück aus dem Dschungelbuch »Balu« starten und den Rücken aneinander rubbeln.

Wer kennt nicht das Dschungelbuch und den Bären Balu? Haben Sie ihn schon tanzen gesehen? Machen wir es Balu nach.

Weiter tanzen Rücken an Rücken. Ausklingen lassen.

Solche Veränderungen lobe ich mir!«

Sprachen lernen

Beim Sprachen lernen ist es sehr einfach mit Bewegung zu arbeiten. Zunächst können als Bewegungsübungen der Stufe 0 immer die Teilnehmer den passenden fremdsprachigen Ausdruck sprechen und eine entsprechende Geste vollführen. In diesem Sinne bietet sich eine so genannte **Vokabel-Pantomime** an. Der Trainer beziehungsweise der Lehrer schreibt zirka 20 Wörter aus der behandelten Lektion an die Tafel. Ein Schüler/Teilnehmer geht in die Mitte und versucht, ein ausgewähltes Wort körperlich darzustellen. Die Übrigen müssen es erraten. Wenn sie das Wort erraten haben, wird es abgehakt.

Die so genannte **Total Physical Response (TPR)**, wie sie von James Asher (nach Dhority 1989) propagiert wird, bedeutet sogar, eine Zeit lang hauptsächlich rein über Bewegung zu lernen. Dabei handelt es sich oft um komplexe Aufgabenvorgänge, die der Trainer in der fremden Sprache ansagt, und die die Teilnehmer dann – je nach Verständnisgrad – ausführen. Dies sorgt für ein Erfolgserlebnis. Die Verankerung des Gedanken erfolgt durch das Muskelgedächtnis. Hierzu zwei Beispiele:

- Eine Möglichkeit aus der TPR ist zum Beispiel am Morgen gemeinsam mit den Schülern zum Klang von schwungvoller Musik im Kreis zu marschieren. Der Trainer gibt hintereinander Anweisungen in der Zielsprache:
  »Hebe deinen linken Arm.
  Bewege die rechte Hand.
  Gehe schneller. Laufe. Halte an.
  Drehe dich links herum. Hüpfe zweimal auf dem rechten Bein.
  Gehe nun rückwärts. Klatsche dreimal in die Hand.«
  Ganz nebenbei lernen die Schüler die Bezeichnungen für die Körperteile, Richtungsangaben und die Imperativformen der Verben.
- Solche TPR-Anweisungen kann der Trainer auch an die Gruppe richten und mehrere Schüler einbeziehen:
  »Pedro, gehe zum Fenster und öffne es. Nimm dann aus dem Koffer die rote Rose und gebe sie der Tänzerin. Gib die Nelke an die blonde Frau, die links davon steht. Dann schlage einem anderen Mann auf die Schulter.«

Von Sprachlehrern wird immer wieder gerne die Übung **»Simon says«** eingesetzt beziehungsweise ihr Pendant in Französisch, Spanisch oder in anderen Sprachen. Diese Übung dient dazu, die Benennung von Körperteilen einzuüben. Der Trainer gibt die Anweisung, bestimmte Körperteile zu berühren, zum Beispiel »*Berühre dein Knie*«. Die Schüler führen diese Anweisungen aus, aber nur dann, wenn der Trainer gesagt hat »*Simon sagt, berühre dein Knie*«. Er mischt also seine Anweisungen mit und ohne »Simon sagt«. Wenn ein Schüler die Anweisung ohne diesen Zusatz ausführt, bekommt er eine extra Aufgabe, zum Beispiel eine Konjugation. Damit geht die TPR in das aktive Produzieren von Sprache über.

Eine stark emotionale Übung, die aber zugleich viel Bewegung bringt, ist das **»Vokabel-Duell«**, welches ich Gunhild Hinkelmann verdanke. Die Teilnehmer haben die Vokabelliste der letzten Lektion vorliegen. Jeder streicht sich darin ein Dutzend Wörter an, die ihm gut gefallen. Dann werden Paare gebildet, die sich gegenüber aufstellen. Statt eines Kampfes mit Degen wird nun ein Duell mit Worten durchgeführt. Die Teilnehmer werfen sich ihre persönlich ausgewählten Wörter »an den Kopf« und zeigen dazu mit dem ganzen Körper eine entsprechende Emotion. Mal mehr Zorn, Wut, Lautstärke, mal mehr schmeicheln und liebevoll. Diese Übung entspricht meinem mehrdimensionalen Idealkonzept, weil sie sowohl Sauerstoff bringt (Stehen, Atmen, Körpereinsatz), Spaß (durch die Emotionen) und auch fachlichen Inhalt (eben das Vokabular zu üben).

Die einschlägige Literatur zum suggestopädischen Sprachen lernen bringt natürlich noch eine Fülle weiterer Übungsformen mit Bewegung.

EDV

Teilnehmerzahl:	Beliebig.
Dauer:	4 Minuten.
Platzbedarf:	Kaum.
Musikeinsatz:	Gegebenenfalls langsame Musik.
Emotionalität:	Gering.
Körperkontakte:	Keine.
Requisiten:	Keine.
Vorbereitung:	Keine.
Erklärung:	Gleich nachmachen mit dem Sprechen.
Wirkung:	Abstrakten Sachverhalt körperlich erfahrbar machen, Entspannung und Konzentration, thematische Verankerung.
Anwendungsphase:	Nach einer Einführung in diese Grundbegriffe.

In modernen suggestopädischen EDV-Trainings setzt man oft **Raumanker** ein, legt Kärtchen auf den Boden, um die **Dateipfade** zu symbolisieren und die Teilnehmer werden aufgefordert, sich darauf zu bewegen. Das ist die nahe liegendste Möglichkeit, hier Bewegung einzusetzen. Das Auffinden des Pfades, in dem bereits bearbeitete Dateien gespeichert sind, ist oft eine Hürde für EDV-Anfänger. Das Abschreiten der Baumstruktur spricht zusätzlich zur Visualisierung auch das Muskelgedächtnis an. Der Trainer wird hierfür ausreichende passende Kärtchen vorbereiten.

Und so können Sie wichtige **EDV-Befehle**, die die Schüler und Teilnehmer dringend als Anfänger benötigen verankern:

- Markieren,
- Löschen,
- Speichern.

»Zur Abwechslung von der bisherigen abstrakten Denkarbeit will ich mit euch die wichtigsten Befehle einmal als Bewegung durchgehen. Wir werden dabei alle auch etwas frischer werden und Energie tanken. Kommt bitte alle einmal nach vorne in diesen Stehkreis.

Einer der häufigsten Befehle ist das Markieren eines Textes oder einer Grafik mit der Maus. Dies erfordert oft Konzentration auf einen kleinen Bereich von Buchstaben oder Zeilen. Wir atmen langsam tief ein und heben dabei beide Arme gleichzeitig vor die Brust, und jetzt die Luft anhalten und mit dem rechten oder auch linken Arm das Klicken der Maus symbolisieren, die Hand zur Faust ballen, und nur diesen Arm ganz langsam nach unten führen, dabei weiter die Luft anhalten, anhalten – und jetzt loslassen. Die Arme nach unten sinken lassen. Nun ist alles markiert. Wir können das nächste Kommando geben.

Angenommen, das nächste Kommando ist Löschen. Wir drücken auf die Taste ›Entfernen‹ und schon ist der markierte Bereich weg. Hierzu stampfen wir ganz intensiv und laut mit den Füßen auf. Weg!
Nun noch ein weiterer wichtiger Befehl. Das Speichern einer Datei, so wie sie ist, über das Menü Bearbeiten oder das Anklicken des Diskettensymbols. Wir setzen diesen Befehl wieder in eine entspannende Bewegung um: Wir falten die Hände unten vor dem Bauch, ziehen sie dann hoch, dabei atmen wir ein, wir drehen die Hände über dem Kopf, die Außenflächen zeigen nach oben, die Füße strecken wir (das heißt sich hochstrecken auf den Fußspitzen). *Atem anhalten. Jetzt erbitten wir innerlich eine Inspiration für einen Namen, wenn diese Abfrage kommt.*
Nun können wir ausatmen, lösen die Hände voneinander, führen sie nach außen. Und dann führen wir die Hände heftig an den Körper herunter. Jetzt ist die Datei im eingestellten Pfad gespeichert.«

Die Bausteine »markieren« und »speichern« sind von Qi-Gong inspiriert (zum Beispiel Sack wegschieben, S. 88). Sie können diese Ideen sicher noch verfeinern.

Diese Übung habe ich zusammen mit Elfriede Wagner, Suggestopädin und Kinesiologin, die EDV an einer Berufsschule in Graz lehrt, ausgearbeitet.

Mathematik

Mein DGSL-Kollege Rolf Göhring ist Mathematiklehrer. Er setzt verschiedene Tänze ein, um mathematische und geometrische Sachverhalte zu illustrieren und zu verankern. Dabei handelt es sich um zahlreiche Kreis- und Formationsfiguren, die eben gerade zum jeweiligen Thema passen. Leider muss man dies live im Seminar erleben oder sich von Herrn Göhring zeigen lassen (Kurzbeschreibung bei Conrady 1993, S. 40–42).

Ich erwähne dies hier als Anregung für den Unterricht dieses oft für schwierig gehaltenen Faches. Gerade die Verwendung von Bewegungsübungen wird den Schülern Hemmungen für diesen Lernstoff nehmen! Nach den bisherigen Beispielen ist dies sicher gut vorstellbar. Es ist zunächst nahe liegend, die vielfältigen geometrischen Lern- und Übungsaufgaben für die Schüler in Bewegung umzusetzen.

Puzzle legen/ Stellübung

Entsprechend zurecht geschnittene Posterkartonstücke werden wie ein Puzzle von den Schülern zusammengesetzt – Pythagoras lässt grüßen – und dies geschieht nicht nur zweidimensional im Schülerheft, sondern kinästhetisch auf dem Klassenraumboden. Auch können 25 Schüler direkt den Pythagoras stellen. Erst bildet eine Gruppe von neun Personen ein Quadrat 3 × 3 und die andere Gruppe von 16 Personen ein Quadrat 4 × 4. Dann stellen sich alle zu einem Quadrat von 25 auf.

Zahlen kinästhetisch lernen

Die Kinder stellen sich im Stehkreis auf und werden aufgefordert, für die jeweils genannte Zahl sich in einer Gruppe dieser Anzahl zusammenzufinden. An zwei Zahlen zunächst üben. Dann folgt die dritte Zahl: Sie können beispielsweise auch Bodenfliesen abzählen und markieren lassen. Dann kommt die vierte Zahl: Die Schüler schleppen Bücher in passender Anzahl an. Weitere Zahlen können Sie auch mit anderen Gegenständen üben lassen. Gut ist auch eine kleine Geschichte, in der Zahlen vorkommen. Wenn diese genannt werden, sollen Körperübungen in der entsprechenden Häufigkeit gemacht werden: Arme heben, Kniebeugen, auf Brust trommeln und vieles mehr.

Addition und Überschreitung der Zahl 10/ Multiplizieren

Hierzu eignet sich gut das Abschreiten der Bodenfliesen oder Auslegen von Kärtchen in parallelen Reihen von jeweils 10. Die Schüler müssen diese Kärtchen oder Fliesen (»wenn ihr über 10 kommt, steht ihr schon außerhalb des Raumes«) abschreiten. Viele Übungen lassen sich auch mit einem Ball oder mit Fragen der Schüler durchführen. Es folgt nun ein Beispiel für das Multiplizieren.

- Der Lehrer gibt einen Multiplikationsfaktor (zum Beispiel 7) bekannt und den Zahlenraum (von 1–100).
- Dem ersten Schüler nennt er noch eine Zahl, zum Beispiel 19. Der Schüler, der den Ball bekommt, rechnet nun 7 × 19 und nennt das Ergebnis.
- Wenn der Schüler das richtige Ergebnis gefunden hat, wirft er den Ball weiter und gibt eine neue Zahl bekannt, zum Beispiel 23.
- Der nächste Schüler rechnet nun 7 × 23.
- Nach einigen Runden wechselt der Lehrer den Multiplikationsfaktor oder auch die Rechenart.

Vorgehensweise bei Textaufgaben

Auf Grund eigener Erfahrung in Mathematik-Nachhilfe habe ich eine Bewegungsübung zur Lösungsstruktur von Textaufgaben (ein Graus für viele Schüler) konzipiert.

Teilnehmerzahl:	Beliebig.
Dauer:	5 Minuten.
Platzbedarf:	Kaum mehr als im Stehen vor dem Stuhl.
Musikeinsatz:	Flotte und langsame Musik in den jeweiligen Phasen.
Emotionalität:	Kaum.
Körperkontakte:	Keine.
Requisiten:	Keine.
Vorbereitung:	Der Erfolgsanker sollte bekannt sein und die Skizze Lösungsweg sollte schon an mehreren Beispielen erlebt sein.
Erklärung:	Siehe unten.
Wirkung:	Energieaufbau, Motivation, Sicherheit, Stressabbau.
Anwendungsphase:	Im Unterrichtsablauf Mathematik. Könnte auch im EDV-Unterricht eingesetzt werden.

- Ruhe bewahren, Erfolgsanker auslösen. (Ein Begriff aus dem NLP. Suchen Sie nach der Übung »Moments of Excellence«. Das ist überhaupt eine gute einmalige Investition an Zeit, jedem Schüler zu helfen, seinen eigenen Erfolgsanker zu setzen.)
- Aufgabe durchlesen.
- Mathematisches Grundmodell bewusst machen.
- Lösungsweg skizzieren, am besten grafisch.
- Aufgabe so bearbeiten und dann lösen.
- Probe machen.

Mit dem folgenden Text können Sie die Übung für die Textaufgaben einleiten:

> *»Ich möchte mit euch ein allgemeines Verfahren einüben, wie man mathematische Textaufgaben erfolgreich löst. Steht dazu bitte auf, wir wollen diesen Ablauf mit einer Bewegungsübung verankern. Vor jeder solchen Aufgabe fördern wir zunächst unsere Gehirnfunktionen, indem wir die ›Gehirnknöpfe‹ massieren. Dazu bewegen wir unsere Augen von links nach rechts über die Mittellinie* (Brain-Gym-Übung »Gehirnpunkte«, S. 78).
>
> *Dann lesen wir in aller Ruhe den Text. Wir wissen, dass wir das können* (»King-Kong«-Übung, S. 64).

Nun überlegen wir das passende mathematische Grundmodell und bemühen dazu unsere grauen Zellen. Wir massieren unseren Kopf. (Kopf massieren.)

Nun skizzieren wir grafisch den Lösungsweg. (Imaginär in der Luft malen, wenn die Brain-Gym-Übung der »Liegenden Achten« bekannt ist, so könnte diese hier gut passen.)

Mit dieser Zuversicht und Klarheit machen wir uns ans Werk und bearbeiten die Aufgabe ernsthaft. (Spätestens hier flotte Musik einschalten, erst auf der Stelle gehen, dann Überkreuz-Bewegungen machen. Eine Minute, dann hört die Musik auf oder wechselt per Fernsteuerung in Entspannungsmusik über.)

Wir bleiben stehen, schließen die Augen, legen beide Hände auf den Bauchnabel und horchen nach innen. Das ist der Moment der Kontrolle beziehungsweise der Proberechnung. (Bewegung mitmachen.)

Wir kreuzen nun die Hand über dem Herzen. Wir sind zufrieden«. (Bewegung mitmachen.)

Dieser Ablauf setzt natürlich voraus, dass die Schüler speziell den Punkt »Skizzieren des Lösungsweges« aus bearbeiteten Beispielen bereits kennen.

Bewegungsübungen für verschiedene Schulfächer

In Erdkunde kann man eine Landschaft mit Postern und Bildern aufbauen, auf der die Schüler mit Bewegungen zirkulieren, die vielleicht die Bodenschätze symbolisieren. Alle Tierarten im Biologieunterricht können bestens mit Bewegung inklusive Tönen dargestellt werden. Auch für die Verankerung der Fauna lassen sich Übungen entwickeln, zum Beispiel zur Geschichte »Samenkorn in der Erde wächst zur Sonne empor«.

Amöbenspiel

Teilnehmerzahl:	Beliebig.
Dauer:	Zirka 4 Minuten.
Platzbedarf:	Freier Platz für alle aneinander gedrängten Schüler.
Musikeinsatz:	Falls gewünscht.
Emotionalität:	Durch das Drängen.
Körperkontakte:	Ja.
Requisiten:	Keine.
Vorbereitung:	Amöbe erklären.
Erklärung:	Siehe oben.
Wirkung:	Energieaufbau, Spaß, Gruppendynamik.
Anwendungsphase:	Im Unterrichtsablauf.

Von Manfred Schaumann, einem DGSL-Kollegen, habe ich eine Übung erhalten, die er in der 9. Klasse Realschule einsetzt: Steuerung und Fortbewegung eines weißen Blutkörperchens (Amöbenspiel).

Ein Teil der Klasse bildet einen Kreis und hält sich dabei an den Händen. Dieser Kreis symbolisiert die Außenmembran der Zelle. Die restlichen Schüler gehen in den Kreis und stellen die Organellen der Zelle dar, zum Beispiel Zellkern, Mitochondrien, Ribosomen, Plasma und so weiter. Die Membran wird eng geschlossen. Die Aufgabe ist nun: Die Zelle muss sich auf ein Ziel hin bewegen und so Nahrung suchen. Dieser Bewegung muss sich alles in der Zelle unterordnen. Dabei findet auch eine Verformung der Außenmembran statt.

Die praktischen Übungen in Chemie und Physik bringen automatisch Bewegung mit sich. Sie lassen sich gut als Pantomime wiederholen und so gegebenenfalls als Sketch oder Ratespiele verpacken.

Mit einem Geschichtslehrer habe ich spontan eine Übung besprochen, die auf dem »Pferderennen« aufbaut: Die Schüler arbeiten in Projektgruppen die Themen aus dem Altertum oder Römerreich durch. Bei der Präsentation wird als Integration ein solches »Pferderennen« veranstaltet, wobei die Beispiele von den Schülern aus dem Bereich ihres Projektes kommen. Damals wurde doch viel geritten! Auch die Grundform „Spaziergang“ (s. S. 122) ist einsetzbar.

Molekül-Spiel

Teilnehmerzahl:	Beliebig.
Dauer:	10 Minuten.
Platzbedarf:	Freien Raum, absperren.
Musikeinsatz:	Ohne.
Emotionalität:	Etwas durch die gegenseitigen Anstöße.
Berührung Teilnehmer:	Anrempeln.
Requisiten:	Nur zur Absperrung.
Vorbereitung:	Die physikalischen Informationen geben.
Erklärung:	Siehe unten.
Wirkung:	Energieaufbau, Gruppendynamik, Spaß, thematische Verankerung.
Anwendungsphase:	Im Unterricht.

Von Claudia Feichtenberger habe ich das Molekül-Spiel aus der Physik beziehungsweise Wärmelehre bekommen.

- **Ziel:** Erleben und integrieren, dass die Moleküle verschiedener Körper sich unterschiedlich verhalten und dass die Moleküle eines Körpers sich bei Erwärmung und Abkühlung anders bewegen. Diese befinden sich in dauernder, ungeordneter Bewegung. Die Temperatur eines Körpers steht in unmittelbarem Zusammenhang mit der Bewegung seiner Moleküle. Je größer die Geschwindigkeit seiner Teilchen ist, desto höher ist die Temperatur. Auf einer Tafel befinden sich die nachfolgenden Angaben.
- **Feste Körper:** Moleküle machen eine schwingende Bewegung um einen festen Platz.
- **Flüssigkeiten:** Moleküle können ihren Platz verlassen.
- **Gase:** Moleküle bewegen sich heftig und verlassen den Platz.

Die Teilnehmer stellen sich vor, dass sie jetzt ein Molekül in einem Körper sind. Der Lehrer nennt einen Körper und die Teilnehmer bewegen sich entsprechend.

- **1. Schritt:** Gefühl für die Unterschiede von festen Körpern, Flüssigkeiten und Gasen bekommen.
  Eisen (fester Körper): Die Moleküle, das heißt, die Teilnehmer, bleiben auf ihrem Platz und schwingen langsam hin und her.
  Holz (fester Körper): Die Moleküle bleiben auf ihrem Platz und schwingen langsam hin und her, vielleicht etwas mehr als bei Eisen.
  Wasser (Flüssigkeit): Die einzelnen Moleküle bewegen sich im Raum.
  Luft (Gas): Die einzelnen Moleküle bewegen sich heftig im Raum und rempeln auch aneinander.
  Laden Sie die Teilnehmer ein, Körper anzusagen und die dazu passende Bewegung auszuführen. »*Plastikbecher! Limonade! Gartenbank! Sauerstoff!*«
- **2. Schritt:** Hinzufügen von verschiedenen Temperaturen.
  Eisen –15 Grad: Moleküle (Teilnehmer) schwingen kaum sichtbar auf ihrem Platz.
  Eisen +100 Grad: Moleküle (Teilnehmer) schwingen sichtbar auf ihrem Platz.
  Wasser +100 Grad: Moleküle (Teilnehmer) wechseln schnell die Plätze und rempeln zwischendurch auch einmal aneinander.
  Wasser 0 Grad: Moleküle (Teilnehmer) bewegen sich ganz, ganz langsam im Raum.
  Luft 10 Grad: Moleküle (Teilnehmer) bewegen sich in gemäßigtem Tempo im Raum und rempeln sanft aneinander.
  Luft 50 Grad: Moleküle (Teilnehmer) bewegen sich heftig im Raum und rempeln ständig aneinander.
  Laden Sie die Teilnehmer ein, Körper mit Temperatur anzusagen. »*Holz 20 Grad! Honig 0 Grad! Kaffee 30 Grad! Speiseeis 3 Grad! Beton 50 Grad! Wasser 80 Grad! Luft 60 Grad!*«

Kernsätze mit »Heio«

Teilnehmerzahl:	Ab 6 möglich, maximal 50. Die Übung ist für Kinder für schulisches Lernen gut geeignet, kann jedoch zur Abwechslung auch für Erwachsene verwendet werden, die schon Erfahrung mit Bewegungsübungen haben.
Dauer:	Zirka 3 Minuten.
Platzbedarf:	Großer Stehkreis.
Musikeinsatz:	Ohne.
Emotionalität:	Etwas.
Körperkontakte:	An den Händen fassen.
Requisiten:	Keine.
Vorbereitung:	Keine.
Erklärung:	Keine vorher.
Varianten:	Als mehrstufige Übung ist es möglich, dass die Teilnehmer selbst Kernsätze formulieren und diese spontan als ihr eigenes Fazit produzieren. Dies setzt voraus, dass die Übung schon vorher einmal durchgeführt wurde.
Wirkung:	Etwas Bewegung und Sauerstoff, auch durch das laute Rufen. Besseres Behalten der Kernsätze.
Anwendungsphase:	Ende eine Themas.

Die Teilnehmer im Kreis aufstellen lassen, diese geben sich alle die Hand. Der Trainer hat Kernsätze über den Seminar- beziehungsweise den Unterrichtsinhalt vorbereitet und ruft diese laut aus. Zum Beispiel »*Gerade Zahlen sind durch 2 teilbar*« oder »*Ich bereite mich vor jedem Gespräch vor.*« (Der Trainer strahlt in Haltung Bewegungsdynamik aus und zieht die ganze Gruppe zum Kreismittelpunkt. Alle rufen dabei ganz laut aus: »*H E – I O*«. Und gehen wieder zurück in den »Außen«kreis. Der Trainer ruft den nächsten Kernsatz. Weitere Beispiele:

»*Endziffern 0 und 5 bedeuten, dass die Zahl durch 5 teilbar ist.*«
»*Ich analysiere täglich meine Zeitfresser.*«

Für diese Übung sollten vier bis fünf Sätze nicht überschritten werden.

Assoziationsspiel

Teilnehmerzahl:	Maximal wohl zirka 20.
Dauer:	Mindestens 5 Minuten.
Platzbedarf:	Freier Platz im Sitz-Halbkreis.
Musikeinsatz:	Keinen.
Emotionalität:	Gegebenenfalls dem Thema entsprechend.
Berührung Teilnehmer:	Keine.
Requisiten:	Keine.
Vorbereitung:	3 Stühle arrangieren.
Erklärung:	Siehe unten.
Achtung:	Auf das Tempo achten.
Varianten:	Ganz auf Vorgaben bei der Thematik verzichten. Bei rein fachlichem Inhalt: Der Trainer bleibt außerhalb und protokolliert auf einem Flipchart mit.
Wirkung:	Energieaufbau, thematische Wiederholung.
Anwendungsphase:	Mittendrin.

Es handelt sich um ein Spiel mit drei leeren Stühlen, welches gut für thematische Wiederholung – und sogar zur Einleitung verwendet werden kann, wenn schon etwas Stimmung in der Gruppe vorhanden ist. Die Teilnehmer sitzen im Halbkreis, am Kopfende befinden sich drei leere Stühle nebeneinander. Der Trainer setzt sich auf den mittleren freien Platz.

»Wir machen nun ein Wortspiel, bei dem wir ganz nach Lust und Laune Themen des bisherigen Seminars (Unterricht) wiederholen können. Ich nenne jetzt einen Satz. Die beiden Ersten, denen dazu eine passende Assoziation einfällt, springen auf und setzen sich neben mich. Sie nennen ihre Assoziation bezogen auf das Hauptwort. Diese soll jeweils aus einem ganzen Satz mit ›ich bin‹ bestehen. OK, es geht los!«

Der Trainer nennt seinen Satz, zum Beispiel:

»Ich bin die Lehrerin«, »Ich bin die Zeitplanung«.

Zwei Teilnehmer stürzen los und besetzen die freien Plätze, weitere versuchen es, kommen aber zu spät.

Die Teilnehmer nennen ihre Beispiele:

»Ich bin die Schule.« »Ich bin ein Zeitfresser.«

Nun erklären Sie die Fortsetzung:

»Mir gefällt die Assoziation meines linken Nachbarn am besten, da sie am originellsten (wichtigsten/schönsten/lustigsten) ist. Er soll weitermachen. Wir beiden anderen nehmen im Kreis wieder Platz. Genauso geht es nun weiter und wir hören den sitzen gebliebenen Satz noch einmal zum Fortsetzen der Assoziationskette. Nun also aufgepasst.«

Der Trainer setzt sich zu den anderen, der »linke Nachbar« rückt in die Mitte und sagt einen neuen beliebigen Kurzsatz/oder den alten – jedoch passend zum Seminarthema. Jetzt geht das Spiel weiter. Wichtig für den Trainer ist, dass er auf das Tempo achtet, damit es nicht langweilig wird.

Diese Übung verdanke ich Brigitte Schwitalla in Köln.

Prüfungsvorbereitung

Teilnehmerzahl:	Beliebig.
Dauer:	Zirka 5 Minuten.
Platzbedarf:	Ringsum wegen des Bogenspannes.
Musikeinsatz:	Sanfte Musik.
Emotionalität:	Etwas, wegen des Ziels.
Körperkontakte:	Keine.
Requisiten:	Keine.
Vorbereitung:	Keine.
Erklärung:	Mitmachen beim Sprechen.
Varianten:	Verschiedene Ängste benennen.
Wirkung:	Entspannung, Konzentration, Selbstvertrauen, Frische.
Anwendungsphase:	Vor einer Prüfung oder einer Klassenarbeit.

»Liebe Teilnehmer, ich möchte jetzt mit euch eine kleine Bewegungsübung durchführen, die euch helfen soll, sich auf die bevorstehende Prüfung (Arbeit) *zu konzentrieren. Die Bewegungen, die wir gleich machen werden, stammen zumeist aus dem Tai-Chi, kommen also aus dem alten China. Ich werde die Bewegung jeweils kurz vormachen und bitte euch, dann entsprechend mit einzusteigen. – Für die bevorstehende Übung benötigst du Energie. Diese wird nun geweckt.*

»Energie tanken – den Tiger wecken« aus Tai-Chi, (s. S. 90.)

Mit Hilfe dieser Energie wird es dir gelingen, die vorhandenen Ängste und Bedenken wegzuschieben.

»Sack wegschieben« – Qi-Gong, s. S. 88. Kann mehrfach wiederholt werden. Dabei die verschiedenen Ängste nennen, zum Beispiel: »*Wir schieben unsere Prüfungsangst weg.*« Alternative: die Teilnehmer benennen selbst unterschiedliche Ängste. Dann ist die Übung schon auf Stufe 5.

Nachdem wir unsere Ängste und Bedenken weggeschoben haben, wird es uns gelingen, unser Ziel, nämlich eine gute Arbeit/die bestandene Prüfung, klar vor Augen zu sehen.

»Den Bogen spannen« aus Qi-Gong (s.S. 86), vereinfacht, das Ziel dabei visualisieren lassen.

Stell dir jetzt die Prüfungsurkunde/die Rückgabe deiner Arbeit vor, auf die du jetzt zielst. – Wenn wir unsere Prüfung/Arbeit mit Erfolg bestanden haben, dürfen wir uns selbst als erste loben und uns über unseren Erfolg freuen!«

Sich selbst auf die Schulter klopfen.

Diese Übung entwickelte Manfred Scholz als »Kür« in einem meiner Trainerseminare.

Kapitel 7
Mehrstufige Bewegungen

Wieso kann nicht auch der Teilnehmer selbst Bewegungsübungen kommentieren?

Grundgedanken

Der Grundgedanke für mehrstufige Bewegungsübungen ist ein aufbauender Prozess:

- **1. Stufe:** Bewegungsübung mit Standardgeschichte, also ohne Fachbezug.
- **2. Stufe:** Wiederholung der Bewegungsübung. Der Trainer baut nun Seminarelemente ein, also fachbezogene Kommentierung.
- **3. Stufe:** nochmalige Wiederholung derselben Bewegungsübung vom Bewegungsablauf her. Die Teilnehmer sprechen nun selbst individuelle Sätze.

Das Bewegungs-Centering kann ebenfalls auf diese Art nochmals eingesetzt werden. Das gilt auch für die »Heio«-Übung. Diese sind beide universell angelegt. Bei einigen der Übungen war schon bei den Varianten angedeutet, dass die Teilnehmer individuelle Beispiele einbringen zuletzt bei den Prüfungsvorbereitungen. Das Assoziationsspiel stellt von vorneherein einen mehrstufigen Ablauf dar. Nachstehend ist der Umgang insbesondere für das »Pferderennen« an einigen Beispielen erläutert.

»Ja-Aktion« allgemein

Auch die »Ja-Aktion« kann, wenn sie einmal bekannt ist, im späteren Verlauf des Seminars und natürlich am besten am frühen Morgen zur Wiederholung des Lernstoffes eingesetzt werden. Hier genügt es, wenn der Trainer erst drei Fragen zur Nacht und zum Frühstück stellt und erst dann auf die fachlichen Themen übergeht.

Es ist dann auch schnell möglich, die Formulierung neuer Fragen an die Teilnehmer weiterzugeben. Wem keine Frage einfällt, der wird zunächst einmal übersprungen.

Beispiele:
»Wisst ihr jetzt, was Zeitplanung bedeutet? – Ja!
Wünscht ihr euch alle Erfolg im Leben? – Ja!
Brauchen die Pflanzen Sonne für die Fotosynthese? – Ja!
Macht Geometrie Spaß, wenn man sie beherrscht? – Ja!
Ist die neue Rechtschreibung einfacher? – Ja!
Schreibt sich ›dass‹ statt scharfen ›s‹ jetzt immer mit ›Doppel-s‹? – Ja!«

Pferderennen generell

- **1. Durchgang:** Siena. Text wird allgemein angesagt, wie im Beispiel auf Seite 104 dargestellt.
- **2. Durchgang:** Seminarspezifische Inhalte werden durch den Trainer vorgegeben. Dies ist besonders für Verhaltenstrainings und für Ziel- und Erfolgsseminare geeignet. Die im realen Leben auftretenden Schwierigkeiten sind eben die Hindernisse, die übersprungen werden.
- **3. Durchgang:** Jeder Teilnehmer sagt reihum sein persönliches Haupthindernis. Dieses Hindernis wird dann übersprungen. Auch als Integration am Schluss verwendbar!

Zeitplanung mit Pferderennen

1. Durchgang: Siena. Text wird allgemein angesagt.
2. Durchgang: Die wichtigen Regeln zur Zeitplanung werden angekündigt.

Einleitung: »*Dies ist speziell ein Rennen für Absolventen von Zeitplan-Seminaren* ... (Alle reiten los, und der Trainer nennt Hindernisse.) *Hier kommt* ...«, baut so ein geistiges Bild auf, dann gibt er den Befehl »... *und* ... *springen drüber weg.*«

Beispieltext: »*Hier will jemand meine stille Stunde stören. Ich überspringe das. Hier liegen die, die immer Aufschieberitis betrieben haben. Ich springe drüber. Hier ist ein Haufen der Kartons von Zeitplanbüchern, die jetzt alle in Benutzung sind.*
Hier ist eine Feuerwand aus den Vorurteilen, dass Zeitplanung Zeit kostet und keine spart.
Hier liegt krank am Boden meine Kollegin/mein Freund, die/der seine Zeit nie plant und deshalb immer im Stress ist.«

Bei einer dritten Wiederholung werden die Teilnehmer ermuntert, ihr persönliches Haupthindernis bei Zeitplanung zu überlegen und auszusprechen.

Dabei soll natürlich möglichst eine positive Formulierung gewählt werden, dies fördert das Verständnis und ist dann auch lustig:

»Ich entscheide/handele schnell, keine Aufschieberitis mehr – Sprung.
Ich plane jeden Morgen den Tag und überwinde meine Scheu – Sprung.
Ich organisiere eine stille Stunde und halte Besucher fern – Sprung.«

Vor diesem dritten Durchgang muss also jeder Teilnehmer sein zentrales Hindernis überlegen und entsprechend formulieren. Dies ist eine Einzelarbeit von einigen Minuten Dauer. Die ganze Gruppe überspringt dieses Hindernis zusammen, denn die üblichen Hindernisse sind doch auch bei den übrigen Teilnehmern verbreitet. Dann kommt der nächste Teilnehmer mit seinem Spruch.

Drei Kernsätze und Handeln

Diese Bewegungsübung ist geeignet für Abschlussphasen von Seminaren aus dem Verhaltenstraining oder bei Erfolgsthemen aller Art, aber auch für Tagungen, die den Teilnehmer konkrete Hilfestellungen mit auf den Weg geben sollen. Sie entspricht der Übung »Ziele und Handeln« (S. 138). Der Trainer muss sich dabei als Resümee des Seminars beziehungsweise des Unterrichts vorher drei knackige Kern-Stichworte (XXX, YYY; ZZZ) überlegen, die möglichst nicht mehr als zwei Silben haben.

Einleitung: »*Ich lade Sie zum Abschluss zu einer Übung ein, die Sie fit für den Heimweg machen wird. Wir sind damit fertig mit dem Seminar. Bitte stehen Sie alle auf.*«

Zunächst die vier Bewegungen demonstrieren und mitmachen lassen.

- Auf den Boden fassen oder zumindestens bücken,
- Auf die Oberschenkel klopfen,
- Auf die Brust klopfen,
- Arme weit öffnen.

Nun flotte Musik einschalten und die Teilnehmer auffordern, zusammen mit den Bewegungen dem Trainer nachzusprechen. Nun die drei kurzen Kernworte aus dem Seminar, die quasi gute Vorsätze sind, aufführen: XXX, YYY, ZZZ.

Immer schneller werden im Ablauf, die Musik lauter werden lassen und selbst lauter sprechen. Zum Schluss mit geöffneten Armen rufen: »*Handeln*«*!* Stehen bleiben, »Standing Ovations« abwarten.

Wenn die drei Kernsätze vorher mit den Teilnehmern ausgearbeitet wurden, ist die höchste Stufe erreicht.

Abschluss und Anhang

»Es gibt nichts Gutes, außer man tut es.« (E. Kästner)

Grenzen und Kritik

Häufig wird gegen den Einsatz von Bewegungsübungen eingewandt:

- Die Teilnehmer brauchen das nicht, sie sind ohnehin voll aufmerksam und motiviert.
- Das ist doch eher kindisch, das will ich meinen Teilnehmern nicht zumuten.
- Meine Teilnehmer haben Hemmungen, sind zu bequem dazu. Dies trifft vor allem auf ältere und beleibtere Teilnehmer zu.
- Auftraggeber beziehungseise Eltern werden davon irritiert.
- Hinzu kamen bei einigen Antworten auf den Fragebogen noch handschriftliche Zusätze wie: Falsche Übungen könnten Zerrungen hervorrufen. Es könnte etwas dabei passieren. Es könnte ein Chaos entstehen. Wie lässt sich anschließend wieder ein konzentriertes Lernklima schaffen? Die Teilnehmer machen nicht freiwillig, sondern wegen des Gruppendrucks mit.

Die vorstehenden Punkte stellen eine Minderheitsmeinung dar. Dies ist besonders erkennbar, wenn man sie auf die Einsender bezieht, die bereits Bewegungsübungen praktizieren. Je mehr sich Trainer und Lehrende mit Bewegungsübungen auskennen, umso geringer sind die Befürchtungen – und umgekehrt.

Diese Befürchtungen können jedoch aufgelöst werden. Die Antwort liegt zunächst in der Ausbildung, im Repertoire des Trainers. Hierfür gibt es ein breites Angebot von Möglichkeiten, die im Abschnitt über die Hemmungen (Kapitel 1) schon dargestellt wurden.

Ein weiterer wichtiger Punkt ist der Ausbau der Sensibilität des Trainers für das, was in den Teilnehmern und Schülern vorgeht. Hier heißt es, die eigenen Antennen zu schulen. Außerdem kann der ganze Unterricht beziehungsweise das Seminar von vornherein mehr mit Bewegung geplant werden (Übungen von Typ 0), manche Übungen können auch im Sitzen durchgeführt werden. Die Geschichten erlauben eine sehr sanfte Ein- und Hinführung.

Der Nutzen der Bewegung für die Teilnehmer lässt sich handfest begründen. Es geht praktisch nur darum, die Teilnehmer zu einem ersten Mitmachen zu bringen.

Was ist mit Teilnehmern und Schülern zu tun, die nicht mitmachen? Das ist zunächst ein Indiz dafür, dass zu schnell vorgegangen und in der Einführung nicht ausreichend erklärt und motiviert wurde oder dass der Trainer selbst noch Unsicherheit ausstrahlt. Aber machen Sie sich nichts daraus und üben Sie vor allem keinen Zwang zum Mitmachen aus. Gehen Sie einfach bei der nächsten Bewegungsübung eine Stufe zurück in der Einladung, der Begründung und starten Sie eventuell auch wieder im Sitzen.

Perspektiven

Mein Anliegen war und ist, die wohltuenden Wirkungen von Bewegung mehr in Training und Unterricht zu bringen. Die Systematik des Buches zeigt auf, dass für alle Situationen etwas dabei ist.

Dabei liegt mir persönlich nicht so viel an der methodisch genauen Durchführung einzelner Übungen wie dies zum Beispiel Kinesiologie und Qi-Gong propagieren und erfordern. Ich sehe zunächst den allgemeinen Auffrischungseffekt, auch wenn der Trainer dabei etwas »schludert« oder seine persönliche Kreativität einbringt. Wahrscheinlich wird die Übung bei Ihnen auch anders aussehen und das ist auch völlig in Ordnung so.

Mir kommt es mehr auf die Sensibilität des Trainers oder Lehrers an, häufig und im richtigen Moment und dazu möglichst noch thematisch passend eine Bewegungsübung einzusetzen.

Über die Verpackung in eine lustige Geschichte (Stimmung) hinaus möchte ich insbesondere zur Kreativität anregen, die Bewegung mit dem eigenen Lerninhalt zu verbinden.

Blättern Sie nun zurück auf die anfänglich aufgeführten Anforderungen und Kriterien für Bewegungsübungen im 1. Kapitel (S. 18) und auf Ihre Wünsche am Ende der Einleitung (S. 11). Haben Sie in diesem Buch für Sie passende Lösungen gefunden beziehungsweise diese entwickelt?

Mein Anliegen war es zu zeigen, dass Bewegung Ressourcen beim Lernen freisetzt. Ihre Schüler und Teilnehmer nehmen damit mehr vom Unterricht und Seminar mit. Im Zeitalter der Leistungsmessung der Ergebnisse von Training (Bildungscontrolling und Stiftung Bildungstest) und Unterricht (Pisa-Studie) steigt die Notwendigkeit, das Lernen lebendiger und dadurch erfolgreicher zu machen. Und auch Sie selbst als Trainer und Lehrender fühlen sich mit Bewegung wohler.

Über eine Rückmeldung würde ich mich freuen, natürlich auch über Anregungen.

Fragebogenaktion

Für dieses Buch habe ich eine Fragebogenaktion bei Trainern und Lehrern durchgeführt und 243 Rückläufe auswerten können. Das Ergebnis zeigt, dass es schon viele Trainer und Lehrer gibt, die den Wert von Bewegungsübungen in ihren Seminaren erkannt haben, während Nichtanwender sich kaum von dem Fragebogen ansprechen ließen. Es werden Übungen eingesetzt, die von »Brain-Gym« über Gymnastik zu »Pferderennen« und »Elefant« reichen. Die Kommentare der Rubrik der Erfahrungen enthalten meist Aussagen wie »nur gute«, über »99 Prozent positiv« und beschreiben immer wieder die Überwindung von Müdigkeit und Konzentrationsmängeln sowie die Erhöhung der Lernmotivation. In den angekreuzten Erwartungen und Einsatzbereichen finden sich die Punkte meiner vier Dimensionen wieder.

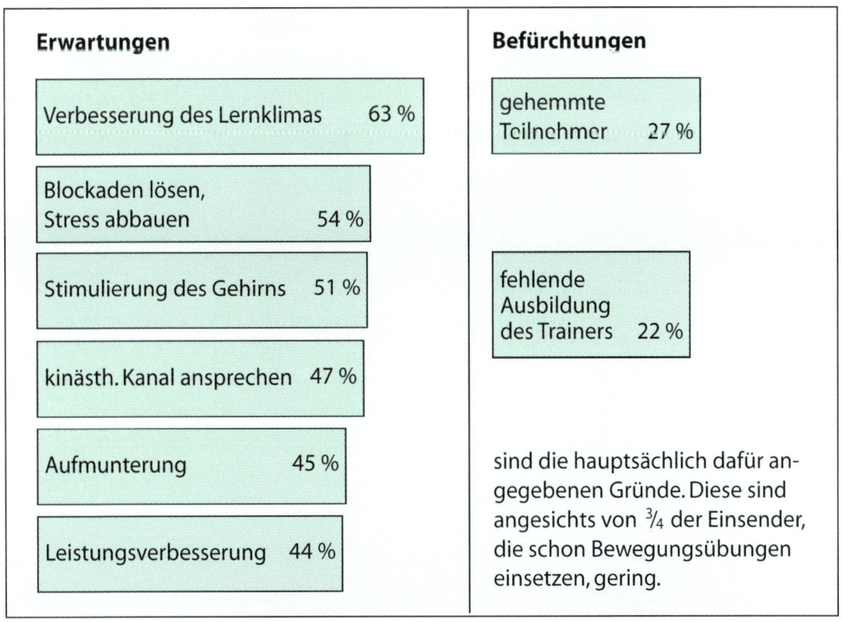

Bei den Erwartungen an Bewegungsübungen gab es jeweils zirka zehn vorgegebene Antworten, maximal vier davon konnten angekreuzt werden beziehungsweise habe ich von den Rangfolgen übernommen. Insofern ist es nicht verwunderlich, wenn der Punkt »sich selbst wohl fühlen« nur bei 18 Prozent in die Reihe der ersten vier gekommen ist. Aber ich möchte ihn hier doch hervorheben, weil der Trainer damit etwas für sich selbst und seine Leistungsfähigkeit tut. Als Nutzen für Sie sollte man diesen Punkt nicht vergessen!

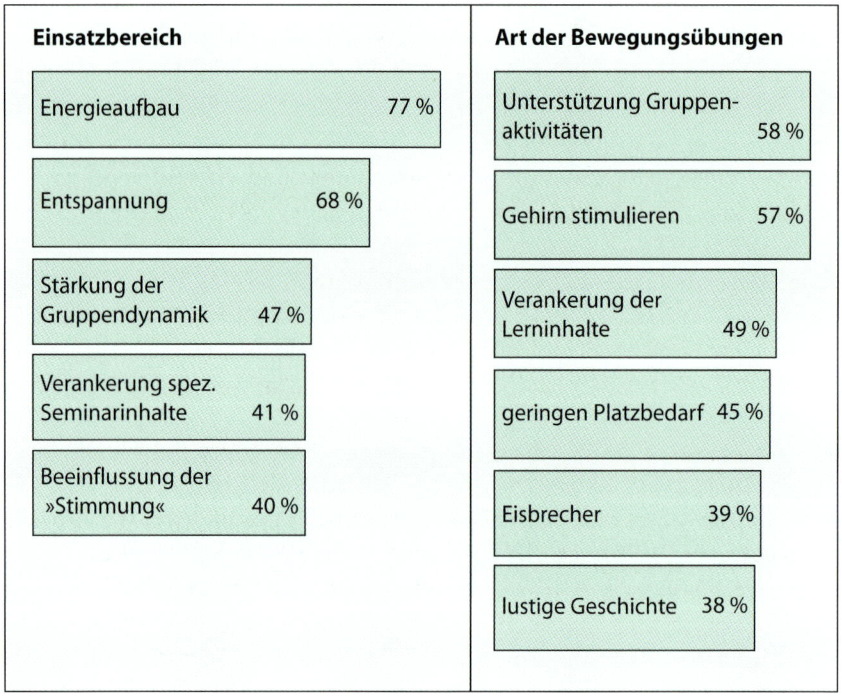

Die komplette Darstellung finden Sie im Internet unter der Adresse www.SUnternehmensentwicklung.de.

Morgen»sport«

Es wird auf vielen Seminaren, Tagungen, Klausuren immer üblicher, die Teilnehmer zu einem Frühsport vor dem Duschen einzuladen. Dies erhöht das Energie- und Aufmerksamkeitsniveau für den ganzen Tag. Dies sind meine Empfehlungen dafür.

- Isometrische und gymnastische Übungen von Typ 1 im Kapitel 3.
- Eine Serie professioneller Yogaübungen, zum Beispiel das bekannte »Morgengebet«.
- Die Bestsellerlisten der letzten Jahre hatten »Die Fünf ›Tibeter‹« unter den Top Ten (Kelder 1983). Diese sind somit sehr bekannt geworden. Die fünf Übungen können in der Intensität variiert werden, indem sie beim ersten Mal nur sechsmal durchgeführt werden. Dies steigert sich dann von Tag zu Tag.
- Eine Serie kinesiologischer Übungen, wobei viel Wasser zum Trinken bereitgestellt werden sollte.
- Auch freies Tanzen ist gut möglich mit entsprechender Popmusik. Bei ungeübten und gehemmten Teilnehmern empfiehlt sich das Verbinden der Augen mit so genannten Schlafmasken (in den Apotheken erhältlich).
- Für Seminare im Bereich Persönlichkeitsentwicklung und Verhaltenstraining kann ich über die »Fünf Tibeter« hinaus so genannte »Bewegungsmeditationen« empfehlen. Diese zeichnen sich durch eine Phasenabfolge von bestimmten Bewegungen aus, teilweise von sanfteren Tanzphasen und dazwischen eine Stillephase der Entspannung. Die bekanntesten sind die Dynamische Meditation und die Herz-Meditation (Vier Himmelsrichtungen).
- Wenn das Wetter es erlaubt, kann die Bewegung auch nach draußen mit Jogging verlegt werden. Vielleicht zu Anfang auf dem Rasen mit einigen gymnastischen Übungen beginnen. Mit einem »Fallschirm« (alle ziehen im Kreis daran) und einem Ball (gemeinsam in die Luft schleudern) können sie viel Abwechslung hineinbringen.

Bei allen Übungsformen ist es möglich, in einer Entspannungsphase (die nachgeschaltet wird) den Teilnehmern in diesem Ruhezustand eine kleine themenorientierte Geschichte vorzulesen. Hierfür gibt Lasko (1996) vielfältige Beispiele. So wird dann auch die Verbindung vom Morgensport zum Tagesthema geschaffen.

Wenn Sie einen Morgensport Ihrer Teilnehmer für wichtig halten, aber selbst als Trainer noch kaum Erfahrung haben, dann hier ein Tipp: Engagieren Sie doch einfach eine nette Dame, die sonst an der VHS Aerobic-Abende leitet. Das kostet nicht viel.

Ich habe selbst einmal die Wirkung einer solchen Aktion erfahren können. Meinen Teilnehmern hatte ich gesagt, sie sollten um 7.00 Uhr zur Dynamischen Meditation kommen und natürlich auch etliche Fragen wegen der frühen Zeit geerntet. Als ich dann um 6.30 Uhr schon zum Herrichten zum Seminarraum ging, war das Foyer vor den Seminarräumen schon mit den 15 Teilnehmern eines firmeninternen Seminars einer (bürokratisch) bekannten deutschen Firma gefüllt, der ich das nie zugetraut hätte. Es waren alles distinguierte Führungskräfte. Eine hübsche Aerobic-Dame zog gerade ihre Turnschuhe an und machte den Bauchnabel frei. Da habe ich dann auch gleich selbst begeistert mitgemacht. Die Musik war flott, die Anweisungen kamen temperamentvoll. So habe ich festgestellt, dass meine subtilen suggestopädischen Techniken von einem freien Bauchnabel überrollt werden!

Kopiervorlage für Tagungen und Seminare

Die nachfolgenden Seiten können Sie als Kopiervorlage nutzen und Ihren Teilnehmern zusätzlich zu den von Ihnen vorgestellten Übungen geben . Wenn Sie zumindest eine der darin vorgestellten Übungen, vor allem die für das Sitzen, auch einmal praktizieren beziehungsweise anleiten, geben Sie Ihren Teilnehmern einen unschätzbaren Impuls: Das Blatt mitzunehmen und möglichst im Kalender oder im Zeitplanbuch immer mit sich zu führen.

Tipps zur Förderung von Konzentration und Aufmerksamkeit

Allgemein

- Machen Sie sich systematisch Notizen vom Vortrag, zum Beispiel mit Mindmapping.
- Sitzen Sie im Plenum möglichst vorne, das fördert durch die Nähe zum Referenten die Aufmerksamkeit. Gehen Sie mit Ihrem Bewusstsein direkt auf den Referenten, wenn Sie konzentriert zuhören wollen.
- Lassen Sie beim Zuhören innere Bilder kommen, das fördert die Behaltenswirkung (Mnemotechnik).
- Tragen Sie die Ideen, die spontan assoziativ beim Vortrag kommen, sofort in Ihr Zeitplanbuch ein.
- Übernehmen Sie Verantwortung für sich selbst. Überspringen Sie im Ablauf auch einmal einen Programmpunkt, schauen Sie sich dafür im Foyer die gegebenenfalls vorhandene Informationsausstellung an und führen Sie Gespräche mit anderen Teilnehmern.
- Sprechen Sie auf der ganzen Tagung mit möglichst vielen anderen Teilnehmern. (Über das, was Sie erlebt haben bei anderen Workshops.) Schließen Sie neue Bekanntschaften.
- Nutzen Sie das Feedback-Formular, um sich ein Ventil zu verschaffen.

Ernährung

- Verzichten Sie bei Wahlmöglichkeiten beim Essen auf das Fleisch, weil dessen Verdauung am meisten müde macht. Oder essen Sie zumindest nicht die volle Fleischmenge. Ernähren Sie sich bei Buffets mehr mit Salaten und Gemüse!
- Generell empfiehlt die Kinesiologie viel Wasser zu trinken, denn das Durstgefühl bleibt hinter dem Wasserbedarf des Körpers zurück. Beim Lernen und Zuhören ist Wasser notwendig, damit das Netzwerk unseres Nervensystems sich weiter entwickeln kann.

Fit halten durch Bewegung

- Sorgen Sie für möglichst viel eigene Bewegung, gehen Sie viel zu Fuß, benutzen Sie die Treppe statt den Lift.
- Wenn Sie in Ihrem Zeitplanbuch ein Blatt mit den Bewegungsübungen haben, die sich im Sitzen durchführen lassen, so können Sie diese »unauffällig« auf Ihrem Stuhl durchführen und sich dadurch frisch und aufmerksam halten.
- Besonders förderlich ist die (nicht abgebildete) kinesiologische Übung »Denkmütze«. Hierzu ziehen Sie die Ohren mit Daumen und Zeigefinger sanft nach hinten und falten sie aus. Reiben Sie die Ohrmuscheln von oben nach unten, massieren diese dabei vorne und hinten gleichzeitig.
- Zwei weitere aufmerksamkeits- und konzentrationsfördernde Techniken aus der Kinesiologie sind: Malen Sie liegende Achten auf einem Blatt oder mit der Hand in der Luft. Die mentale Übung: Stellen Sie sich mit geschlossenen Augen ein X vor und vergleichen Sie die Symmetrie des Buchstabens mit dem eigenen Körper.

Fit bei Tagungen, Besprechungen und Seminaren

Mit diesen einfachen Übungen können Sie sich fit halten und der Müdigkeit durch langes Sitzen entgegenwirken. Bei den ersten vier Übungen atmen Sie beim isometrischen Spannungsaufbau ein, halten den Atem kurz an, dann atmen Sie bei der Spannungslösung aus. Bei den beiden letzten, rein kinsiologischen Übungen ist es genau gegenteilig.

Sie können sich die Übungen kopieren und gegebenenfalls verkleinern. Sie sollten die Anleitung stets bei sich haben. Die Anwendung kann Ihnen viel Nutzen bieten, aber nur, wenn Sie das Blatt immer bei sich führen!

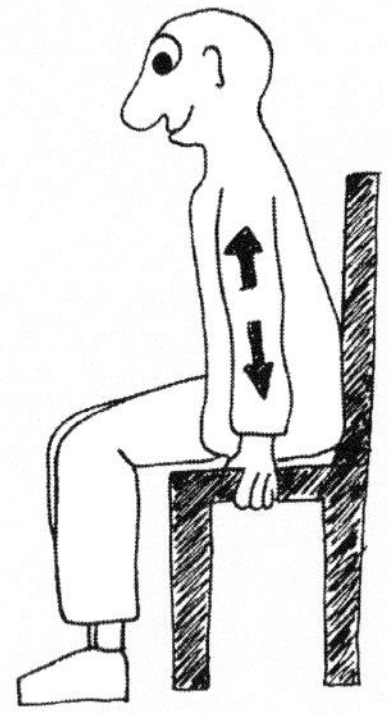

Druck / Zug
Verschiedene Übungen: den Körper hochdrücken oder den Stuhl hochziehen.

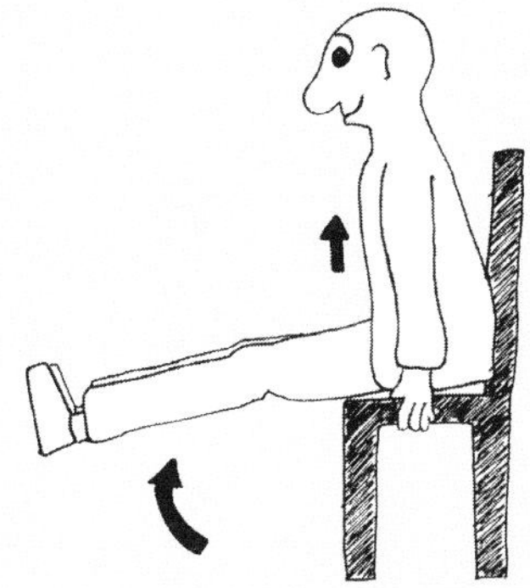

Strammer
Aufbauende Übung: erst nur die Beine waagerecht heben, dann dabei den Körper hochstützen

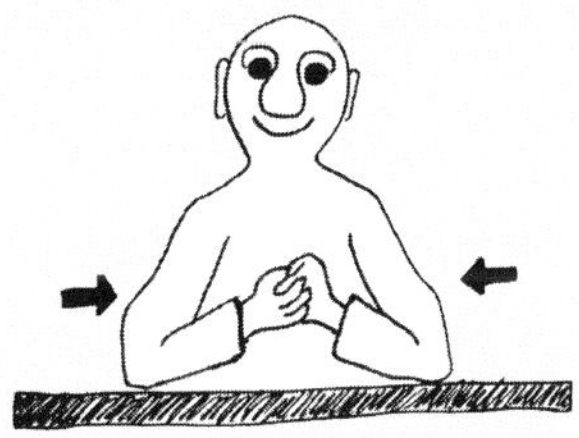

Handpresse
Auf dem Tisch durchführen.

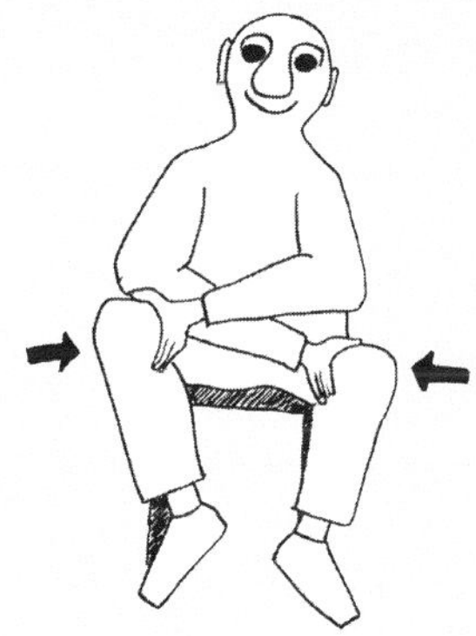

Überkreuz
Linke Hand zum rechten Knie, rechte Hand zum linken Knie. Dann die Knie erst abwechselnd, später gleichzeitig zusammendrücken.

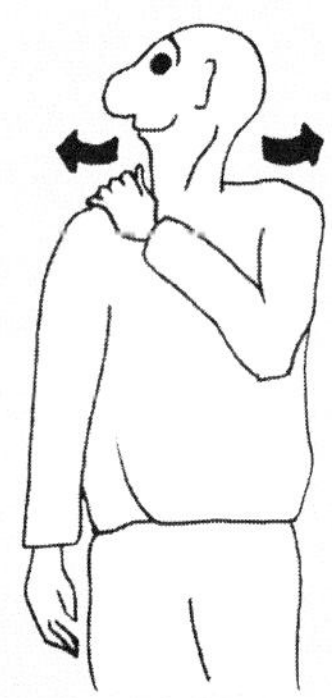

Eule (Brain-Gym)
Linke Hand auf rechte Schulter legen und dort zusammendrücken. Tief einatmen, dann während des Ausatmens nach rechts drehen, bis Sie über die rechte Schulter nach hinten schauen können. Einatmen und dabei den Kopf zur Mitte drehen. Ausatmen und Kopf so weit drehen, dass Sie über die linke Schulter nach hinten schauen können. Einatmen und Kopf zur Mitte drehen. Ausatmen und dabei den Kopf nach vorn neigen, Kinn zur Brust ziehen. Einatmen, während Sie den Kopf wieder anheben. Dies 2- bis 3-mal wiederholen, dann die Hand wechseln und Zyklus umgekehrt.

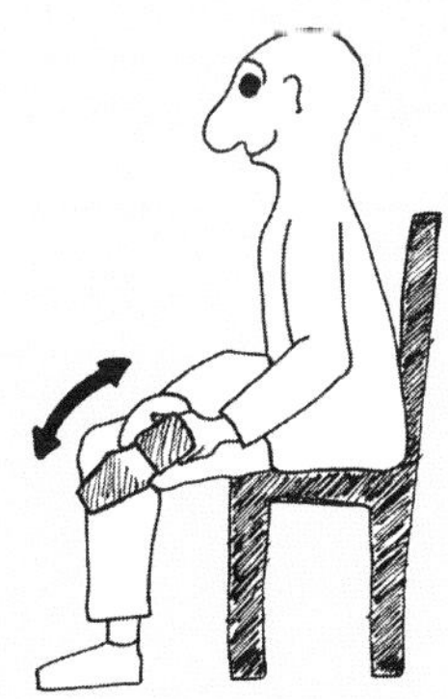

Fußpumpe (Brain-Gym)
Rechtes Fußgelenk auf das linke Knie legen. Dann die rechte Hand am Ende des Wadenmuskels vor dem rechten Knie platzieren. Die linke Hand hält die Achillessehne direkt hinter dem Knöchel. Bewegen Sie nun den Fuß fünfmal oder öfter auf und ab. Die Hände bleiben dabei fest in den Positionen. Achten Sie auf das Längen und Entspannen der Muskeln. Bevor Sie diesen Bewegungsablauf mit dem anderen Bein entsprechend wiederholen, stellen Sie beide Füße auf den Boden und achten Sie auf die unterschiedlichen Empfindungen in den Beinen.

Quelle für Eule und Fußpuppe: Dennison/Dennison/Teplitz 1996

Danksagung

Bei der Entstehung meines Projektes »Bewegung in Seminaren« gab es für mich eine Schlüsselszene. Ich besuchte vor einigen Jahren ein dreitägiges Seminar bei einem sehr bekannten und auch versierten Trainer. Dieser sprach in seinem Seminar alle Sinne an. Im Programm waren auch Übungen mit einer professionellen Gymnastiklehrerin enthalten. Diese kam um 18.00 Uhr und führte mit uns die »Fünf Tibeter« durch. Aber da war der größte Teil des Seminars schon gelaufen. Direkt nach dem Mittagessen, als die Bewegung am meisten erforderlich war, waren wir alle bei einer Fantasiereise »weggeknackt«. Hier hatte ich die »Erleuchtung«: Die Aneinanderreihung der Elemente muss sinnvoll sein und laufend an passender Stelle in das Seminar integriert werden. Hier fehlt es nach wie vor an Know-how im Trainerberuf.

Der endgültige Durchbruch zum Entschluss, dieses Buch zu schreiben, geschah im Sommer 1997 auf einem 10-tägigen Schweige-Seminar. Ich beschäftigte mich – Bewegung war verboten, um andere nicht aus der Ruhe zu bringen – geistig intensiv mit Bewegung und habe dabei die Palette der themenbezogenen Übungen konzipiert.

Bei allem, was wir tun, stehen wir auf den Schultern unserer Vorgänger. Dies zeigt das Literaturverzeichnis. Aber auch vielen Menschen bin ich zum Dank verpflichtet, die in irgendeiner Form bewusst oder unbewusst einen Beitrag zu diesem Buch geleistet haben.

Zunächst muss ich mich in meinem Trainer-Werdegang beim SKILL-Institut, Bammental, bedanken. In deren Ausbildung lernte ich manche dieser Übungen mit lustiger Geschichte kennen. Meine Ausbilder waren dabei: Friede Gebhard, Helga Pfetsch, Rolf Ackermann, Stefan Rude, Rainer Molzahn und natürlich der Gründer Hartmut Wagner. Dem ging auch noch eine Ausbildung im PLS-Verlag, Bremen, bei Gunhild Hinkelmann und Martine Ferreboeuf voraus.

Claudia Feichtenberger aus Graz, die Suggestopädin und Kinesiologin ist, hat mein Manuskript gelesen und durch Anregungen ergänzt. Sie hat große Erfahrung im Schulbereich mit ihrer speziellen Lerntrainer-Ausbildung. Bei ihr habe ich meine Kinesiologie-Ausbildung gemacht. Ralph Hollender, München, gab mir als Suggestopäde einige Tipps und verteilte Fragebogen an seiner Schule. Von Manfred Schaumann stammen die Empfehlungen für die Schule. Er hat auch meine Ausführungen über Mathematik korrigiert.

Anette Köhler, Grabenstätt, schrieb mir ganz ausführlich ihre Erfahrungen bei Lehrerfortbildungen, die sie als Suggestopädin veranstaltet. Susanne Vollmer-Mesz, Kinesiologin und selbstständige Sprachenlehrerin in Erding, steuerte die Übung »Fotosafari« bei. Sally Kowanda aus Salzburg ist Spezialistin für Kreistänze, die ich leider hier nicht beschreiben konnte. Sie sammelte ebenfalls mehrere Fragebogen für mich.

Brigitte Schwitalla aus Köln, die sehr bewegungsfreudige Seminare durchführt, hat mich ebenfalls mit einigen Übungen versorgt. Joachim von Prittwitz, Suggestopäde und BDVT-Trainer ermunterte mich zur Weiterentwicklung mancher Übungen. Helmut Roth aus Nürnberg, in dessen Outdoor-Seminaren ich ebenfalls viel lernte, hat insbesondere den Balu-Bären beigesteuert.

Eugen Hellwig, Abiturklassenkamerad, vom Schulamt für den Ennepe-Ruhr-Kreis, versorgte mich mit Informationen aus den Rahmenrichtlinien und teilte Fragebogen an Lehrer aus. Heinrich Schmidt-Uenzen, Schulleiter (Gymnasium und Berufsschule) aus Bremen, hat die Thematik mit mir oft besprochen und auch das Manuskript Korrektur gelesen.

Irene Halleger aus Innsbruck, mit der ich Seminare im Managementbereich durchführe, hat mir viele Fragebogen von Lehrern beschafft und mich über die Grundschule in Österreich informiert.

Horst Kasper in Müllheim hat das Manuskript ausführlich gelesen und mir Feedback und Korrekturen gegeben.

Helmut Machemer, Freiburg, verdanke ich die energetische Klatschübung, und er inspirierte mich zu den verkaufsorientierten Bewegungsübungen.

Meinen Vorstandskollegen, insbesondere Prof. Dr. Hardy Wagner und Wolfgang Neumann, von GABAL e.V. bin ich zu Dank verpflichtet, dass sie mich in den Symposien vor größeren Personenkreisen experimentieren ließen.

Und auch Michael Lezius von der AGP (Arbeitsgemeinschaft für Partnerschaft in der Wirtschaft) in Kassel räumte mir die Möglichkeit ein, mit Unternehmern und Führungskräften mehrere »Abenteuer auf dem Speicher« zu erleben.

Index der Übungen

Bezeichnung	Anzahl der Teilnehmer	Minuten	Platz	Sitzen	Musik	Anwendungs-phase	Gruppe	Typ	Seite
Abenteuer auf dem Speicher	Beliebig	3	p		Flott	Morgens + jederzeit		3	106
Afrikanischer Elefant	Beliebig	5	p		Keine	Nachmittags	g	3	116
Amöbenspiel	Klasse	4	PP		Keine	Thema		4	174
Assoziationen	20	5–10	PP	s	Keine	Thema, jederzeit		4	178
Ball-Netzwerk	30	3	PP		Ohne	Mittendrin	G	1	58
Beginn mit Händereiben (7 Stufen)	Beliebig	2		s	Ohne	Start + jederzeit		2	96
Bewegungs-Centering und Ankommensübung	6–200	4	PP		Trommeln	Start/Morgen	g	1	52
Bilanz und GuV	Beliebig	6	p		Twist	Thema		4	156
Den Bogen spannen	Beliebig	2	p		Langsam	Jederzeit		2	86
Controlling	Beliebig	2	p		Möglich	Thema		4	129
Denkmütze	Beliebig	1		SS	Egal	Jederzeit		2	80
Dirigent	Beliebig	4	p		Klassisch	Jederzeit		1	65
Dreizehn Arten	Beliebig	3		S	Klassisch	Eher nahe Start		1	60
Druck/Zug	Beliebig	Nebenher		S	Egal	Nebenher		0	199
Düfte-Überblick	Beliebig	2	p	s	Langsam	Thema, jederzeit		4	160
EDV	Beliebig	4	p		Keine	Thema		4	168
Einwandbehandlung	Beliebig	3	P		Nach Wunsch	Thema		4	152
Energetisches Klatschen und Anfeuern	Beliebig	2	P	s	Flott	Schluss + jederzeit	G	1	66
Energiegähnen	Beliebig	1		SS	Keine	Morgens + jederzeit		2	77
Erwartungen/Start	Beliebig	2	P		Verschiedene	Start		4	130
Eule	Beliebig	Nebenher		S	Egal	Nebenher		2	199
Feuer und Wasser	Beliebig	3	p		Alles	Jederzeit		2	92
Fotosafari	Beliebig	5	PP		Punktuell	Jederzeit		3	110
»Freies« Disco-Tanzen	Beliebig	Ab 3	PP		Tanzmusik	Jederzeit, nach Kennenlernen		1	72

Die Buchstaben bedeuten dabei:

Platz

Falls kein Buchstabe: nicht mehr als den Sitzplatz

p – etwas Platz beim Stehen für Arme und Sprung

PP – benötigt viel freien Platz, meist Stehkreis

Sitzen

Falls kein Buchstabe: im Stehen

s – beginnt mit Sitzen, endet mit Stehen

S – vollständig im Sitzen

SS – geht sowohl im Sitzen als auch Stehen.

Gruppendynamik

g – etwas Effekt der Gemeinsamkeit

G – starker gruppendynamischer Effekt

Typ (Die Bewegungsübungen der Typen 0 und 5 sind darin nicht aufgeführt.)

Bezeichnung	Anzahl der Teilnehmer	Minuten	Platz	Sitzen	Musik	Anwendungs-phase	Gruppe	Typ	Seite
Führungsaufgaben	30	4	PP		Verschiedene	Thema	g	4	144
Fußpumpe	Beliebig	Nebenher		S	Egal	Nebenher		2	199
Gehirnpunkte	Beliebig	1		SS	Egal	Jederzeit		2	78
Glenn Millers Stuhl	Beliebig	3	p	s	Glenn Miller	Mittendrin		1	62
Gordischer Knoten	Beliebig	5–15	PP		Hintergrund	Mittendrin	G	1	57
Großer Regen	Beliebig	3	Mit Tisch	S	Keine	Jederzeit		3	114
Grundübung Qi-Gong	Beliebig	2	p		Egal	Jederzeit		2	85
Himmel und Erde	Beliebig	3	p		Keine	Jederzeit		2	90
Handpresse	Beliebig	Nebenher		S	Egal	Nebenher		0	199
Ja-Aktion	Beliebig	3		SS	Hintergrund	Morgens		1	56
Jonglieren	Beliebig	5	PP		Flott	Mittendrin		2	98
Kernsätze mit »HEIO«	6–50	3	PP		Keine	Wiederholung		4	177
King-Kong	Beliebig	2			Keinen	Jederzeit		1	64
Lach-Meditation	Beliebig	2	p		Langsam	Schluss + jederzeit		2	94
Löwenjagd	Beliebig	5	PP		Punktuell	Jederzeit		3	108
Marketing	Beliebig	5	p		Verschiedene	Thema		4	136
Moleküle	Klasse	10	PP		Keine	Thema		4	175
Namensecho	30	5–20	PP		Keine	Beginn	g	3	103
NLP-Überblick	Beliebig	2	p		Möglich	Thema		4	146
Pferderennen	10–50	2–4	PP		Keine	Nachmittags	G	3	104
Phönix	Beliebig	3	PP		Egal	Jederzeit	G	1	68
Pizza backen	Belieig	5	Ss		Möglich	Jederziet	g	3	120
Prüfungsvorbereitung	beliebig	5	p		Langsam	Vor Prüfung		3	180
Reise nach Afrika	beliebig	3	p	s	Hintergrund	Beginn + jederzeit		3	112
Rendezvous	Beliebig	5	PP		Keine	Jederzeit		3	118
Rhetorik – Kernaussagen	Beliebig	4	p	S	Möglich	Thema		4	158
Sack wegschieben QG	Beliebig	1	p		Langsam	Jederzeit		2	88
Samurai/ Ritter	Beliebig	2	p		Keine	Jederzeit		1	124
Samuarai-Sprung	Beliebig	1-2	P		keine	jederzeit		1	70

Die Buchstaben bedeuten dabei:

Platz

Falls kein Buchstabe: nicht mehr als den Sitzplatz

p – etwas Platz beim Stehen für Arme und Sprung

PP – benötigt viel freien Platz, meist Stehkreis

Sitzen

Falls kein Buchstabe: im Stehen

s – beginnt mit Sitzen, endet mit Stehen

S – vollständig im Sitzen

SS – geht sowohl im Sitzen als auch Stehen.

Gruppendynamik

g – etwas Effekt der Gemeinsamkeit

G – starker gruppendynamischer Effekt

Typ (Die Bewegungsübungen der Typen 0 und 5 sind darin nicht aufgeführt.)

Bezeichnung	Anzahl der Teilnehmer	Minuten	Platz	Sitzen	Musik	Anwendungs-phase	Gruppe	Typ	Seite
Selbstverantwortung	Beliebig	3	p		Verschiedene	Thema, jederzeit		4	162
Spaziergang	Beliebig	2–4	p	S	Flott	Jederzeit		3	122
Sprachen lernen					Je nachdem	Thema		4	166
Start und Erwartung	Beliebig	2			Keine	Start		4	130
Strammer	Beliebig	Nebenher		S	Egal	Nebenher		0	199
Textaufgaben	Beliebig	5	p	S	Verschiedene	Thema		4	172
Tier- und Baumübung	Bis 20	0,5 pro T.			Keine	Morgens		1	54
Toller Hirsch	Beliebig	2	p		Keine	Schluss + jederzeit		3	123
TQM (Qualität)	Beliebig	2	p		Möglich	Thema	g	4	134
Überkreuzbewegung	Beliebig	1	p	Mög-lich	Flott	Jederzeit		2	82
Überkreuz-Knie	Beliebig	Nebenher		S	Egal	Nebenher		0	190
Unternehmens-entwicklung	Beliebig	3	p	s	Verschiedene	Thema	g	4	132
Veränderungsprozesse	Beliebig	5	PP		Balu-Tanz	Thema, jederzeit	g	4	164
Verkaufen im Einzelhandel	Beliebig	3	P		Verschiedene	Thema		4	150
Verkaufstraining	Beliebig	3	p		Flott	Thema		4	148
Vulkan	Beliebig	2-3	SS		Evtl.Schluss	Jederzeit	g	1	71
Zeitfresser	Beliebig	3	PP		Verschiedene	Thema		4	142
Ziele und Handeln	Beliebig	2	p		Flott	Schluss + Thema		4	138
Zielimagination	Beliebig	4	p		Langsam	Thema		4	140

Die Buchstaben bedeuten dabei:

Platz

Falls kein Buchstabe: nicht mehr als den Sitzplatz
p – etwas Platz beim Stehen für Arme und Sprung
PP – benötigt viel freien Platz, meist Stehkreis

Sitzen

Falls kein Buchstabe: im Stehen
s – beginnt mit Sitzen, endet mit Stehen
S – vollständig im Sitzen
SS – geht sowohl im Sitzen als auch Stehen.

Gruppendynamik

g – etwas Effekt der Gemeinsamkeit
G – starker gruppendynamischer Effekt

Typ (Die Bewegungsübungen der Typen 0 und 5 sind darin nicht aufgeführt.)

Literaturverzeichnis

Aschebrock, Heinz: Bewegte Grundschule. In: Schule Aktuell. Die Zeitschrift für Eltern in Bayern, Hrsg. Bayerisches Staatsministerium für Unterricht, Kultus, Wissenschaft und Kunst, 1/1998.

Asher, James: Learning Another Language Through Actions: The Complete Teacher's Guidebook, Sky Oaks Productions P.O.Box 1102, Los Gatos CA 95031, [3]1986.

Batmanghelidj, Faridun: Wasser, die gesunde Lösung. Ein Umlernbuch. VAK-Verlag, Freiburg [6]1998.

BDY (Berufsverband der Deutschen Yoga-Lehrer) (Hrsg.): Der Weg des Yoga, Handbuch für Übende und Lehrer. Verlag Via Nova, Petersberg [3]2000.

Becker, H.-O.: Fit im Job. 5-Minuten-Übungen rund um die Uhr. GABAL-Verlag, Offenbach (mit CD) 1998.

Besser, Ralf: Transfer. Damit Seminare Früchte tragen, Strategien, Übungen und Methoden, die eine konkrete Umsetzung in die Praxis sichern. Beltz, Weinheim/Basel [2]2002.

Biedler, Jan: Box-Aerobic easy. Humboldt, München 1997.

Burleigh, William B.: Bring Dich in Schwung! Das ganz leichte Fitness-Programm. rororo-Sachbuch, Reinbek 1996.

Buzan, Tony: Use your Head. Ariel Books, BBC, London, 1985 (deutsche Übersetzung: Kopftraining, Anleitung zum kreativen Denken, Test und Übungen. Goldmann, München 1999.

Tran Vu Chi: Heilen durch Bewegung, Schnelle Selbsthilfe durch WA DO bei Krankheiten und Beschwerden. Rowohlt TB, Reinbek 1994.

Conrady, Ingrid/ Haun-Just, Marianne/von der Meden-Saiger, Barbara (Hrsg.): Lernen ohne Grenzen, Suggestopädie – Stand und Perspektiven. GABAL und AOL-Verlag 1993 (vergriffen, erhältlich noch in der DGSL-Geschäftsstelle).

Dennison, Paul E.: Befreite Bahnen. VAK, Freiburg [12]1999.

Dennison, Paul E./Dennison, Gail E.: Brain Gym. VAK, Freiburg [8]1996.

Dennison, Paul E./Dennison, Gail E./Teplitz, Jerry V.: Brain-Gym fürs Büro, VAK, Freiburg 1996.

Dhority, Lynn: Moderne Suggestopädie. PLS, Bremen 1989.

Feichtenberger, Claudia: Lernen mit Musik. Hölder-Pichler-Tempsky, Wien 1998, inkl. CD.

Feldenkrais, Moshé: Bewußtheit durch Bewegung. Der aufrechte Gang. Suhrkamp TB, Frankfurt a.M. 1996.

Funcke, Amelie/Rachow, Axel: Rezeptbuch für lebendiges Trraining. Seminare inszenieren, Spiele einsetzen, Teilnehmer begeistern. May, Bonn 2002.

Gelb, Michael/Buzan, Tony: Die Kunst des Jonglierens. Der Weg zu Körperbewußtsein, Ausgeglichenheit und Selbstvertrauen. Knaur-TB, München 1996.

Groos, E./Rothmaier, D.: Ausdauer-Gymnastik. Neue Aerobics von 20 bis 70. rororo Sport, Reinbek 1997.

Hackl, Monnica: Qi Gong für jeden Tag. Ein praktisches Übungsbuch. Ullstein, Frankfurt a. M. 1996.

Hannaford, Carla: Bewegung – das Tor zum Lernen. VAK, Freiburg 2001.

Henning, Hans-Jörg: Immer locker bleiben! 70 Wohlfühl-Übungen für Büro, Seminar und Schule. Beltz, Weinheim/Basel 2001.

Heuermann, Michael: Geträumte Tänze – Getanzte Träume. Entspannung, Phantasiereisen, Bewegung und Tanz. borgmann, Dortmund 3 2001.

Huang, Chungliang Al, Tai Ji: In der Bewegung zur Harmonie und Lebensfreude finden. Einführung und Anleitung. Gräfe und Unzer, München 7 1994.

Kelder, Peter: Die Fünf »Tibeter«. Das alte Geheimnis aus den Hochtälern des Himalaya läßt Sie Berge versetzen. Integral, Wessobrunn 2002 (Neuauflage).

Kline, Peter: Das alltägliche Genie. Oder: Wie man sich in das Lernen (neu) verlieben kann. Junfermann, Paderborn 1995.

Kline, P./Saunders, Bernard: Ten Steps to a Learning Organization. Great Ocean Publishers, Arlington 1993.

Kobayashi, Toyo/ Kobayashi, Petra: T'ai Chi Ch'uan. Einswerden mit dem Tao. Higendubel/VVA, München 4 1994.

Köckenberger, Helmut: Bewegtes Lernen. Lesen, schreiben, rechnen lernen mit dem ganzen Körper. Die Chefstunde. borgmann publishing, Dortmund 5 2002.

Kükelhaus, Hugo/zur Lippe, Rolf: Entfaltung der Sinne. Ein Erfahrungsfeld zur Bewegung und Besinnung. Fischer Taschenbuchverlag, Frankfurt a.M. 13 1997.

Kushi, Michio: DO-IN Buch. Übungen zur körperlichen und geistigen Entwicklung. Mahajiva, Holthausen 2 2001

Lander, Hilda Maria/Zohner, Maria-Regina: Meditatives Tanzen. Kreuz-Verlag, Stuttgart 5 1997.

Lasko, Wolf W.: Dream Teams. Gabler, Wiesbaden 2000 (Nachdruck).

LeFevre, Dale: das kleine buch der neuen spiele. Verlag an der Ruhr, Mühlheim 1992.

Lowen, Alexander/Lowen, Leslie: Bioenergetik jür jeden. Das vollständige Übungshandbuch.Kirchheim, München 2000 (Neuauflge).

Liao, Wasun: Die Essenz des T'AI CHI, Vitalität und Wohlbefinden durch Chi-Aktivierung. Knaur, München 1996. ((doppelt))

Meyenburg, Claudia: Die Sache mit dem X. Brain-Gym in der Schule, Band 1. VAK, Freiburg 3 1996 .

Milz, Helmut: Der wiederentdeckte Körper. Vom schöpferischen Umgang mit sich selbst. Artemis & Winkler, München 1994.

Müller, Rudolf: Die erfolgreiche Tagung. Schäffer-Poeschel 2001.

Portmann, R./Schneider, E.: Spiele zur Entspannung und Konzentration. Don Bosco, München 14 2002.

Rachow, Axel (Hrsg.): Spielbar. 51 Trainer präsentieren 77 Top-Spiele. May, Köln 2001.

Reichel, Gusti/Rabenstein, Reinhold/Thanhoffer, Michael: Bewegung für die Gruppe. Ökotopia, Münster 8 1992.

Requena, Yves: Qi Gong. Das Geheime Übungssystem für Lebenskraft und Langlebigkeit. Goldmann TB, München 1997.

Robbins, Antony: Das Powerprinzip. Grenzenlose Energie. Heyne, München 1995.

Ratelband, Emile: Der Feuerläufer. Econ, Düsseldorf 1999.

Schiffler, Ludger: Suggestopädie und Superlearning – empirisch geprüft. Einführung und Weiterentwicklung für Schule und Erwachsenenbildung. Diesterweg, Frankfurt a. M. 1989.

Seemann-Girrbach, Renate/Staudinger, Gertraud: Bewegung ins Klassenzimmer. Wolf, Regensburg 1995.

Seifert, Josef W./Göbel, Heinz-Peter: Games. Spiele für Moderatoren und Gruppenleiter. GABAL, Offenbach 1998.

SKILL-Autorenteam: Seminare lebendig gestalten. Kreatives Lehren und lernen. GABAL, Offenbach [4]2001 mit CD.

Ulsamer, Bertold,/ Blickhan, Claus: NLP für Einsteiger. GABAL, Offenbach [10]1998.

Ulsamer, Bertold: NLP in Seminaren, Lernen erfolgreich gestalten. GABAL, Offenbach 1994.

Wagner, Hartmut: Viola-Musik für lebendiges Lernen. Praktische Tips zum Einsatz von Musik in Training und Unterricht. May, Bonn 1993.

Yesudian, Selvaran/Haich, Elisabeth: Sport + Yoga. Drei-Eichen, München [34]1999.

Bezugsquellen und Adressen

Spielmaterialien und Musik
Villa bossaNova
Postfach 160248
D-42831 Remscheid
Tel.: 02191/80217 – Fax: 02191/81387
E-Mail: info@villa-bossanova.de
www.villa-bossanova.de

Schnelle Trommelmusik
TOTEM (Gabrielle Roth) im Handel

Moussuma-Trommeln von
Moussa Rosenfeld
Hallstedt 4b
D-27211 Bassum
Tel.: 04248/1224 – Fax: 04248/902953
www.Rosenfeld-Institut.de
E-Mail: info@Rosenfeld-Institut.de

Kinesiologie
IAK Institut für Angewandte Kinesiologie
Eschbachstraße 5
D-79199 Kirchzarten
Tel.: 07661/9871-0 – Fax: 07661/987149
E-Mail: info@iak-freiburg.de
www.IAK-Freiburg.de

DVNLP e.V.
Alte Jacobstraße 149
D-10969 Berlin
Tel.: 030/25387127 – Fax: 030/25387128
E-Mail: dvnlp@dvnlp.de
www.dvnlp.de

Suggestopädie: DGSL e.V.
Deutsche Gesellschaft für suggestopädagogisches Lehren und Lernen
Poigenberger Straße 1
D-85669 Pastetten
Tel.: 08124/444111 – Fax: 08124/444112
E-Mail: dgsl@compuserve.com
www.dgsl.de

brainbox®- Lerntraining Ausbildung
Claudia Feichtenberger
Kugelberg 82
A-8111 Judendorf-Straßengel (bei Graz)
Tel. & Fax: 0043-3124-51183
E-Mail: office@brainbox.at
www.brainbox.at

Stücke der oft empfohlenen Viola CD1, die alle instrumental sind:

Spur 6: Kitaro: Silk Road (Entspannung).
Spur 7: Rainer Molzahn: Rot (Flott).
Spur 8: Karsten Günter: Maskerade in Venedig (Flott, klassisch, ähnlich Rondo Veneziano).
Spur 9: Rolf Seidelmann: Folk Dance (Stark rhythmisch, langsamer als »can't get you out of my head«).